山梨の逆襲

見つけました！ 新しい地域コミュニティのかたち

五緒川津平太＋三浦えつ子 編・著

言視舎

山梨の逆襲　目次

第3章　地元民でも意外と知らない、実は「日本一」

第4章　世界に誇る　やまなしの食材・郷土料理

国中
郡内
北杜市
山梨市
韮崎市
甲斐市
甲府市
甲州市
南アルプス市
昭和町
中央市
笛吹市
富士川町
市川三郷町
早川町
身延町
南部町
丹波山村
小菅村
大月市
上野原市
西桂町
都留市
道志村
富士河口湖町
忍野村
鳴沢村
山中湖村
富士吉田市
富士山

第1章

五《ゴ》（緒川）・三《ミ》（浦）トーク
小さい、地味、目立たない！〝謙虚〟な市民視点の山梨論

いきなりトークで始まります。甲州弁愛好家・五緒川津平太（五・グラフィックデザイナー・著述業）、パン生地愛好家・三浦えつ子（三・フリーライター）２人の山梨県人が小声で語る「山梨県」のこと。なんたって、温和な性格のわれら、声高に叫ぶような主張じゃないし。幼い頃から何となく漠然と思っていたあれこれをポツリポツリと話しました。

▼われら山岳民族！「上京」は違うでしょ、東京へは「下る」！

●三浦　ようこそ、お出かけくださいました。富士吉田の中でも富士山に近いわが家は標高が約９００ｍあります。南アルプス市と比べても、風景も寒さも違いますでしょう。

●五緒川　まったくねぇ。同じ山梨県でも、ここに来て見るとホントに富士山はでかいですよ。スゴイです。富士山自体が自分の影になっているとでもいいましょうか。この表現、わかりますか？なんとなくのニュアンスと思ってください（笑）。富士山、でか過ぎる。でも寒さは南アルプスも負けてません。八ヶ岳おろしの風が吹きつけますから。

●三浦　真冬は深呼吸すると冷気というか極寒気というか、肺まで流れ込むこの感覚は、南アルプスじゃないでしょう。きっと、ここのほうが寒い！って、ついつい寒さ自慢。豪雪地帯ではないけれど、一度降ったらなかなか雪はとけずに凍り付いてしまうんです。慣れないと冬はツライものがありますね。この冬（２０１４年２月）の大雪にはまいりました。観測史上初の豪雪。２週間ほど動けませんでした。

●五緒川　国中エリアもそうでした。そういえば、富士山北麓の自然に惹かれて移り住んだり、別荘を建てたのに、あまりの厳しい寒さに耐えかねて、引っ越した有名人もいるって、聞きますね。

●三浦　はいはい、あの方。ニューミュージックって、この言い方も時代を感じますが、の大物M・K氏ですね。夏は快適だけど、冬は過ごせないって。その後、九州の島へ移転されたんですよね。なこと、関係ないか。

北麓周辺の真冬の寒さに関しては、『富士日記』（武田百合子著）にもたっぷりと記述されています。だいぶ古い本ですが。武田山荘の所在は鳴沢村字富士山。この住所、トーゼン実在です。寒さは横綱級！　この本、何度読んでも面白いです。もっとも、ご近所の記述がたくさんあるからかもしれませんが。で、ついつい紹介しました。

私は仕事で都内に出向く機会が多いのですが、しみじみ実感するのは「われらは山岳民族なんだ」と。鉄道、車どちらを使っても、山梨県から都内へ入るときは、「下る」のです。わが家から都心へ移動すると、高低差900mです。ねっ、物理的には「上京」じゃないって。山を下りてきました、って感覚。あっ、田舎ものです、といってる訳じゃないですからね（笑）。

●五緒川　ハハハ！　ぼくは18歳で進学を機に「上京」しました。まず思ったのは、「あれ！　山がない」　甲府盆地の端っこに生まれ、360度切れ目のない山なみに囲まれて育ちましたので。小学校1、2年の頃までは、山に囲まれた甲府盆地がぼくにとっての全世界（苦笑）。山の向こうに何かあるなんて思いもしなかった。

上京？

●三浦　何と愛らしいこと！　好きです、その感性（笑）。自己肯定感たっぷりだもの。

●五緒川　今思い返してみると、千代田湖の上辺りなんですが、そこはちょっと色付いていて、あれがオランダだって、わけもなく信じてました（笑）。

そうだ、山岳民族といえば、学生時代、夏休みに友人と2人で自転車旅行をしました。泊まるのは駅。いわゆる野宿ってヤツです。自宅のある八田を出発し、長野、群馬を経由して福島・白河の関へ。計画では東北をもっとまわるハズだったのですが、白河に着いたところで疲れて、東京を抜けて帰ってきました。その旅で痛感したこと。全行程の中で体力的にきつかったのは山梨県を出るときと入るとき。勾配のキツさですね。車だと気にならないのですが、自転車だともろに感じるんです。山梨は「山国」なんですよ。

●三浦　そう「山国」。ってことは、攻めこまれないってこと！

●五緒川　攻められないけど、出られもしない（笑）。

●三浦　とすると、信玄公はやはり偉かった！

●五緒川　出ましたからねぇ、あの時代に。そのあたりは県民性にも関係しているのかもしれませんね。

●三浦　きっと、そうでしょう。って、変なこと申し上げると、知的レベルを疑われますから。読者の皆さま、この辺りの考察は歴史学者や郷土史研究家の先生方のご本を読んでください。

中国
インド
オランダ
富士山
ブラジル

▼県民性「ケチ」には事情あり

●三浦　山国だから平地が少ない。加えて寒冷地の北麓エリアでは、昔から稲作は難しかった。特にお米が通貨と同等だった時代の郡内地域は辛く貧しかった。これって、山梨県全般にいえることかもしれませんが。もちろん、最近は品種改良もすすんでいて、富士吉田産のミルキークイーンはとても美味ですけど。

●五緒川　稲作に関しては難しかったでしょうね。大昔からのDNAが受け継がれているのか、県民性ではケチといわれますよね。つまり、オカネはもちろん収穫物などため込むというか使わないというか、そんな傾向がある。

●三浦　エッ！　そうですか。ケチねぇ。私は誓って（何に誓うんだかわかりませんが）、ケチじゃないです。オカネもモノもため込むのはうっとうしいだけ。廻さなくちゃ！　なんて、持ってないからいえるのかもしれませんが。

●五緒川　昨年（2013年）トークショーで一緒だった林真理子さんも、同じこと言ってましたよ。山梨県人はよくケチだといわれるけど、私は違います！って。でもぼくはケチです（笑）。

●三浦　やだ。林さんは別格です。すべて豪気な方ですから。ご自分がどれだけ使うか、エッセイに書いておられます。それはそれとして、使わない、というのは、何かあったときの備えのためなのでしょう。何かあったら困るからという、先祖からのDNAがそうさせて、「ケチな県民性」が醸成されたのか?

●五緒川　つまり山梨県人はつい「守りに入ってしまう」。「守らざるを得ない」環境にあったのでしょう。もちろん、それは全体的な傾向として、ですが。個人差はありますけど。ためるといえば、うちの母親を例にあげて話しましょう。うちは米を作っているんですよ。自家消費＋αくらいの規模ですが。

●三浦　いいですね。あこがれます。甲州弁の取材や講演と並行して稲作。豊かな感じがします。田んぼもほんのちょっとしかない郡内の山間部で育った身としては。五緒川さんにとって、お米は買う物じゃないんですね。素晴らしい!

●五緒川　そう、買ったことないです。いくらで小売されているのか値段も知りません。で、ためる話です。新米が採れたらまずそれをついて1回は食べます。でも次からは、食べきれずに残っている去年の米、古い米から順番に食べるのです。それがうちの母親の流儀。「お母ちゃん、これじゃあ俺らいつも古い米食べることになるじゃんけ」って言い続け、今年やっと説得して、古米を専門業者に引き取ってもらいました。

これまで、残った米を売ろうとすると、母親は「何かあったら困る!」と。「何かって、何?」って、言うんですが。ぼくが生まれて半世紀以上。一度も「何かあったことはない」ですから(笑)。

●三浦　ストックしておかないと、という用心ですよね。それが、とらえ方によっては「ケチの県民性」になってしまうかぁ。

●五緒川　だと思いますね。

●三浦　お米はオカネより大事ですよ、って、明治大正昭和初期生まれの婆さんみたいですけど。お米は日本人の根幹をなすものだと思います。小さい頃、お米はとても貴重で白いごはんは贅沢。増量目的の押し麦が必ず入ってました。現在では健康食ですけどね。麦は好きですけど、子どもの頃はあまり……。

●五緒川　ぼくはふわっとした麦の食感大好きでした。集めて食べてました（笑）。

●三浦　まぁ、五緒川少年は良い子でしたね。長い歴史で見ると、白いごはんを満足に食べられるようになったのは最近でしょう。日本は豊かになったのです。なのに、お米を食べなくなっちゃった。私の中にはお米が採れるところは豊かだという意識が今でもあります。だから、山梨県は豊かじゃない、認めましょう。

その代わり、といってはナンですが、麦、粟、ひえなどの雑穀類や、大豆やじゃがいもを活用した料理が発達しましたよね。ほうとうもお米の代用食という側面があると思います。そうそう、穀物の会社「はくばく」――いまや全国ブランド、いや、世界ブランドかも――が山梨（富士川町）の地で創業した背景には、山梨のそうした事情があったのかも（ここ、ほとんど、思い込みで発言してます！）。

数年前、関東農政局の方を取材したとき、「あの会社はすごい、世界の各地から、こんな穀物があったのかと驚くようなものを発見・発掘して研究してます」と、感嘆されてました。以来、私の中では、「はくばく」＝研究熱心（甲州商人のＤＮＡも少しありか？・）と印象づけられました。

●**五緒川**　「はくばく」という会社は、ヴァンフォーレ甲府のスポンサーとしても県内では特に馴染み深いでしょうね。山梨県で米が潤沢に採れるようになったのは、きっと最近のことですよ。南アルプス辺りでも、水がなくて稲作ができないとか、平地でも水害にたびたび見舞われてひどかった時代を経ています。とくに竜王から甲府盆地に向かって、水害が多かった。だから、たとえ収穫が多くてもストックしてしまうのですね。

●**三浦**　そうですよね。山を背負っていると、災害の危険はもっとあります。甲府盆地に暮らす人たちに聞くと、自然災害が少ない！とおっしゃる方が多いのです。でも、それも近年のことですよね。

▼海なんかなくたってかまーんじゃん！　海より湖！

●**五緒川**　山梨県人はケチといわれるからか、江戸っ子の宵越しのカネは持たない、というスタイルにあこがれもありますね。

●**三浦**　江戸っ子はオバカだったんです、きっと。なあんて。確かにチラッと聞くと粋で恰好良いです。でも、それは「何があっても対応できる」というある程度の確信があってこそ。お江戸は世界に冠たる大都市で、まれにみる清潔さと資源の循環システムも整っていたそうですから、オカネも人情も廻っていたのでしょう。こんなことといって、どこかから「もの知らずの発言して」なんて突っ込まれそうですが（笑）。

●五緒川　その時代の山梨といえば、甲府は大きな城下町だったようですが、お江戸（中央政府）からの役人が赴任して、農業指導や産業振興などをしていた。その名残はいまだにあって。中央を向いてご意向うかがいをしてしまう。そんなこともあるのでしょうね。

●三浦　海なし県・山梨。これも他県から指摘されますよね。海あり県から嫁がれた奥さまはその点、どう思われてますか？

●五緒川　うちの嫁さんは鎌倉出身です。嫁さんがよく言うには、「ちょっと高い山に登ると海を探すんだけど見えないね。私の所は小高いところに登ると必ず海が見えた」って。カチンときます（笑）。だから、何？って、ね。嫁さんは普通に言ってるだけ。でも、こっちは「山の田舎もん」みたいに言われたような気がするんです。

●三浦　アハハ。例えば、デートでね。「海に行こう」っていう人と「山に行こう」っていう人とじゃ、海に行こうってほうがおしゃれな時代がありましたからね。

●五緒川　そう、山に行くっていうと、四駆で泥んこになりそうなイメージが！　でも、今は山ガール全盛。山梨県には標高ベスト3の山があるし（富士山・3776m、北岳・3193m、間ノ岳・3190m）、山梨の時代です（笑）。

●三浦　わが家に伝わる笑い話。友人が初めて猪苗代湖を見たときに、いやー大きい海ですね、と発言。私も「富士五湖基準」で育ちましたから、友人のこと笑えないんですけど。

●**五緒川**　猪苗代湖は確かにでかい。富士五湖といえば、今日も河口湖大橋を渡ってきましたけど、いいですよ、湖は。穏やかで静かで包み込んでくれる優しさがあります。海は足つかないし、波にさらわれるし、怖いですよ（笑）。

●**三浦**　小学生のとき潮干狩りで千葉へ行きました。面白かったんですが、実は磯臭さが苦手で、鮮明に覚えてます。湖ってあまり臭いがないんです。そして海の漁師さんの豪快さや荒々しさも。富士五湖漁業組合の人にはその荒っぽさがあまりなさそう気がします。そうだ。西湖はさかなクンが関与したことで超ビッグニュースになった「クニマス」で一躍有名になりました。70年前絶滅説がくつがえったんです。生存していたとは！　ロマンですねぇ。

●**五緒川**　そうですよ。そして、湖には穏やかな釣り人が似合いますね。

●**三浦**　ハイ、決定。海より湖！

●**五緒川**　流通が発達した今、海なんかなくたってかまーんじゃん。ぼくの好物の貝とイカとタコとわかめを持ってきてくれれば（笑）。

●**三浦**　同感です。それにしても、昔の人は偉かった。郡内には鎌倉街道経由、国中には富士川経由で海産物を運んだのですね。貴重な海の幸。だからでしょうか、県をあげてマグロ好きですよね。

●**五緒川**　甲府市はマグロ消費量日本一。寿司屋も多いです。マグロに対するあこがれは半端じゃない。寿司で思い出しました。うちの嫁さんが山梨に来たばかりの頃、寿司があるから来いと誘われて行ってみたら「太巻きがドーンとおいてあった」って。

●三浦　ハイ、わかります。私は太巻き大好物ですけど。奥様にとっては、寿司＝にぎり、だったのでしょう。

●五緒川　海は必要ない、といいつつ。初めて見た海、確か美保の松原でした。あの解放感、感動しました。今でもドライブしていて海が見えると「アッ！　海だぁ」って心の中で叫んでます。海が見えたら、山梨県人は皆「海だぁ」って言ってますよ。

●三浦　言います、言います！

▼関東？　中部？　首都圏？　どこに属すか山梨県

●三浦　常々思っていたのですが、山梨県は関東地方、中部地方、はたまた首都圏？　甲信越なんてエリア区分もあるし。どこに属すか山梨県！という崇高な問題です。小学生の頃、中部地方の山梨県って習いました。と申し上げながら、山梨県内でも、郡内の人って、甲府より首都・東京を向いてしまう傾向にあるような気もします。

●五緒川　ぼくも山梨県は中部地方と習いました。小学生の頃「中部の人として生きていくぞ」と決意したのを憶えてます（笑）。今や首都圏といわれたり、関東の田舎っていわれたり！　時代に翻弄されてきた感がありますねぇ。いつのまに関東？　エッ？　俺、首都圏住民？って思ったこと、何度もありました。

●三浦　首都圏に入れられたのは、バブル景気の前後。山梨県を首都圏としたほうが地価上昇を期

おすしがあるから食べに来ない？
いくいくー！

待できる、と考えた不動産関係者が多かった……勝手に思い込んでます。超キメッケですが。

●**五緒川**　何か意図や戦略があったことは間違いないですね（笑）。その頃、「首都圏とは『関東＋山梨県』のことをいう」という定義を聞きました。それまで中部の田舎もんとして、東京には反発して生きてきたのに、東京のお仲間に入れていただくと、ちょっとうれしい感じもあって、それが情けない。

●**三浦**　ま、今や、大月はもちろん、富士河口湖町だって都内通勤は可能です。ただ、冬の早朝の中央線車内は寒いったらない。八王子辺りでようやく暖かくなるんです。ドアだって開閉ボタンを自分で押して開ける（高尾あたりまでか？）。

●**五緒川**　それ、山梨県はいいや、って。八王子辺りから暖房を入れる……JRの陰謀じゃないですか（笑）。

●**三浦**　なるほど、そうかも！　なことあるわけないでしょ。

●**五緒川**　東京の会社に勤めていた頃「山梨から東京に出てきた」と言ったら、「出てくる」って言うんだね、と感慨深いリアクションがありました（笑）。小田原の友人。「私は出てくるって感覚はなかったな」なんて言ってました。「小田原！　大して変わらんじゃんけ」って思いましたけどね。

●**三浦**　アハハ！　私は北陸に旅したとき、「山梨って福島の隣ですか？」って、いわれました。山梨ってそのくらいの認知度なんです。信玄公が活躍された歴史や日本一の富士山があっても！

●五緒川　運転免許取り立ての若い頃、用もないのに八ヶ岳だの富士五湖だの県内のあっちこっちをドライブしたことがあります。まったく、ガソリンぶちゃって歩いたようなもんですけどね。山中湖畔に国立公園と書いた案内板があるじゃないですか。その前にカップルがいて、女の子のほうが「山中湖って山梨県だったんだぁ」って。後ろから蹴飛ばしてやりたくなりましたけどね（笑）。

●三浦　そうそう、あるある！　そういうシーン、よくわかります。ま、とにかく山梨は地味ですよね。

●五緒川　そう！　県自体が小さいんですよね。人口約85万人。東京にすがるしかないんですよ。新潟市だけでも１００万人ですよ。で、これから人口は減少するでしょ。２００万人、３００万人の大きな県だったら、ぼくの本だって、もっと売れてるんですよ。同じ労力で（爆笑）。

●三浦　まぁまぁ。さて、山梨県、どこに属してやりましょうか？（笑）　関東でも中部でも首都圏でも受け入れますか？

●五緒川　ぼくは中部で生涯を通す、なんて思っていたのに、東京にあこがれて一度は山梨県を捨てちゃいました。今は甲州弁で食ってますけど（笑）。

でも、今一度、山梨県は中部と再認識したいです。自分の中に中央に寄り添ってしまう情けなさがあるので、それを断ち切るためにも、ここで中部の人として生きていくことを宣言します。結局なんで関東、首都圏なんてなったのかわかりませんが、時代に翻弄されずに、中部で生きていきましょう。何も恥ずべきことではありません（笑）。

甲信越
西関東
中部
首都圏
南関東
結局どこなんスか山梨は？

特に国中の言葉は中部圏です。例えば、東京の下町言葉で「てやんでぇ、こちとら江戸っ子でぇい」を甲州弁に置き換えると「なにょう言ってるでぇ、おらんとうは山梨のぼこだっつうこん」となります。「なにょう」あたりに中部地方的な粘り気を感じます。

東京に出て気づいたことなんですが、甲州弁の語尾「ずら」「け」「し」「ちょ」は使うとすぐ田舎もんだとばれるので使えなかったんですが、「じゃん」はみんな使ってるじゃないですか。よかったー、「じゃん」は使えるじゃん、と「じゃん」を連発しました。でも「そうじゃんねー」と言うと、なんかちょっと違う、と指摘されたりして。

●三浦　世間一般で言われる横浜言葉「じゃん」は、実は山梨発祥。この説には同感です。が、山梨県では「ね」や「け」がつく！　それが、ちょっと……田舎っぽい。県外へ出ずに、ずっと地元で暮らしていると、若い世代でも自然と土地の言葉を使っています。語尾とかイントネーションとか、でも自分は標準語を喋っていると思っている。誰かに指摘されないと、気付かない。

●五緒川　それ、ぼくもよくわかります。山梨県民は方言を使っているという認識が薄いと思います。若い頃は東京への強いあこがれがあったけど、30歳過ぎた頃に東京熱は冷めました。現在は中部でいこうと。そうそう、方言的には「やなし言葉」といって山梨、長野、静岡って、似てるっていわれていますね。

●三浦　あー、そうですね。静岡県の富士山に近い辺り、「ずら、ずら」言いますね。

●五緒川　郡内の人は方言でも関東に近いです。国中は中部の言葉。

●三浦　そうですか。郡内でも「みゃあ、みゃあ」いう地域はありますよ。食に関して、郡内は中部圏かもと思っています。味噌文化ですもの。上野原のせいだのたまじ（小いもの味噌煮）や吉田のうどんにも味噌を使っている店は多いです。そばのつけ汁に味噌を使うことも多いですし、お雑煮も味噌でした。

●五緒川　うちはどうだっかなぁ。雑煮は醤油が多かったですよ。

●三浦　そうだ、同じ山梨でも国中はフルーツ王国。

●五緒川　最近果物を食べ過ぎだって。糖分の過剰摂取。だって、あっちこっちからもらっちゃうんです。収穫は同じような時期ですから、出荷できないのもあるし、一気にドーンとあふれるんですよ。5月のサクランボから始まって、桃、すもも、ぶどう、そして11月の柿まで途切れないんです。で、食べ過ぎ！

●三浦　いやー、それは、なんともうらやましい話だわ。

▼不名誉な「鉄道不毛の地・山梨県」その影に他県に鉄道網を拓いた偉人の存在が！

●三浦　さて、これまたネガティブネタ「山梨県は鉄道不毛の地」。これ、私の知り合い「鉄男・鉄子」がずっと言い続けてます。JRも私鉄も少ない。撮影スポットも限られている、って。私のお決まりの反論。山梨はモータリゼーション（懐かしい響きの言葉です）王国なの。鉄道路線は少なくても絶景スポットはたっぷり。JRは東日本、東海もある。私鉄の富士急行線は山岳鉄道。何たって富士山に一番近い路線だし。カメラ小僧を引き寄せる魅力十分。「富士山駅」もある！　う～ん、ちょっと苦しいかな。

●五緒川　まぁ、人口が少ないから、鉄道は発展しなかったのでしょう。JR東海は甲府と静岡の富士市を結ぶ身延線ですね。ぼくはゆったりした風情が好きです。そういえば、子どもの頃、甲府から南アルプスにかけて路面電車（通称「ボロ電」）が運行されていました。今残っていたら、良い観光資源になったかもしれません。

●三浦　昨年は中央線が甲府まで開通して110周年。私の大好きな山梨県立博物館で「山梨の近代人物と鉄道展」が開催されました。行きましたとも！　私は「鉄子」ではありませんが、展示内容はとても楽しめました。もっとも、興味があったのは鉄道そのものより「近代人物」のほうです。

そういえば、五緒川さん、『キャン・ユー・スピーク甲州弁？2』で紹介されていますね。《幕末、甲州商人は横浜を目指した》、そこでは「じゃん」の起源や生糸貿易商とともに甲州弁が海を渡った推察を展開。私、大爆笑しました。あー、面白かった。その項にも登場する若尾逸平氏など、山梨には「鉄道人」と呼ばれる偉人がおられますね。

●五緒川　いや、お恥ずかしい。不思議なもので、勝手な推論ですが書いてしまうと「これしかあり得ない。絶対これが正しい」と思い込むものなのですね（笑）。

若尾逸平は行商人から身を興し、開港直後の横浜での取引や生糸生産で財をなした人物。「《乗りもの（鉄道）》と《明かり（電灯）」》には将来性がある」という言葉を残しています。インフラ事業に多大な投資をして甲州財閥と呼ばれるようになった、当時の財界のドン的な人物。山梨県最初の多額納税者議員・貴族院議員として、鉄道会議に参加し中央線の建設に尽力したそうです。

●三浦　甲州市の人たちが敬うアメケイさん・雨宮敬次郎氏は、軽井沢の開拓や軽便などの鉄道経営でも活躍したのですね。山梨市出身の根津嘉一郎氏は東武鉄道他の経営や再建を果たした「鉄道王」だし、韮崎市出身の小林一三氏は、阪急鉄道をつくり、沿線宅地や行楽地、商業施設などを開発しました。多角経営の先駆者。宝塚歌劇団や東宝グループの創立者としても知られています。笛吹市出身の早川徳次氏は東京地下鉄道を設立して、東京に地下鉄を実現した「地下鉄の父」です。

他にも、富士身延鉄道（現在のＪＲ身延線）の建設に尽力した韮崎市出身の小野金六氏、笛吹市出身で、富士山開発の先駆けとして富士山麓鉄道（現在の富士急行）を設立した堀内良平氏。

ねっ、すごいでしょ。山梨県内の鉄道網は小規模でも、他県でレールを敷いているのです。偉業です！

●五緒川　そうなのです。県内では商売にならないから、きっと外へ出たのでしょう。東京の地下鉄や東武線を利用するときは、心の中で「この電車の基を作ったのは山梨県人なんだぞ！」と、誇りを持って乗りましょう（笑）。

そう言いながら、首都圏の鉄道路線は驚くべき進化で、どこへ連れて行かれるんだかわからんですもん。切符買うだけでもまごまごします。改札に切符が吸い込まれると、ヤベー！　どっかいっちもうじゃんけ、ってドキドキします。

●**三浦**　お気持ち、お察しいたします。そうだ、山梨県にはリニアの実験線もあることだし、もう「鉄道不毛の地」とはいわせません。それと、外に出てその地に貢献した甲州商人を見ならって、諸事励むといたしましょうね。

●**五緒川**　そうです。この【逆襲】で、全国に打って出ましょう！

第２章
ご先祖さまは偉かった！ 歴史・伝説・お宝文化・伝統工芸・発祥の地

1 「甲州弁」の逆襲 標準語がそんなにエライのか!?

五緒川津平太

▼この甲州弁には標準語もかなわない

①持ちに行く…… （標準語訳）取りに行く

山梨県では、忘れ物をしたとき「ちょっと家まで持ちに行ってきます」と言います。それを聞いた相手は「ほうけ、ふんじゃあ持ちに行って来ぉし」と言ってくれます。さらに、「忘れ物に気づいて家まで持ちに帰った」「クラス委員の方は職員室までプリントを持ちに来てください」など、「もちに行く（来る・帰る）」は日常的に使われています。

ところが、これは山梨県人独特の言い方らしいのです。標準語では「取りに行く（来る・帰る）」と言うのです。まぁ、確かに私たち山梨県人も「取りに行く」と言わないこともないですけど。そういう言い方があることは知ってますよ、もちろん。それを知った上で「持ちに行く」のほうを選んで私たち山梨県人は使っているのです。

「持ちに行く」と「取りに行く」。意味は同じです。さて、ここであなたに質問です。方言だとか標準語だとか、どっちが正しいとかいっさい考えずに、純粋に、日本語としてあなたはどちらの言い方が好きですか。私は直接的で乱暴に聞こえる「取りに行く」よりも、やさしく上品な「持ちに行く」のほうが好きです。

たとえば「財布を持ちに行く」では、そっと財布を手に取り戻ってくる、そんな様子が目に浮かびます。一方、「財布を取りにいく」では、まるで奪い取るように財布をひっつかんで走って帰ってくる、そんなふうに聞こえてしまうのです。

些細な違いを大げさに表現してしまいましたが、そんな微妙なニュアンスを山梨県人は敏感に感じ取り、自分では気づかないまま「持ちに行く」のほうを選んで使っているのだと思います。「持ちに行く」「取りに行く」どちらが正しいかという問題ではありません。その人が好きなほうを使えばいいのです。まっ、山梨県人はこれからも「持ちに行く」を使い続けますけどね。他県の皆さんも使いたいんなら使ってもいいですよ。

②いいさよー……（標準語訳）いいですよ、いいに決まってるじゃないですか

「えらい助けてもらっちゃって悪かったじゃんねー」「いいさよー」。「ここへちょっと車を停めさせてもらっていいけ」「いいさよー」。なんと慈愛に満ち溢れた温かい言葉でしょうか。大きな心ですべてを受け入れる包容力が感じられます。「いいさよー」この一言で山梨県人は救われるのです。許し合えるのです。相手を受け入れる気持ちをこんなにシンプルに表現できる言葉が標準語にあったでしょうか。

まぁ、標準語にもないわけじゃないですね。たとえば「困ったときはお互い様じゃないですか」なんていうのがありますね。ちょっと長いですが。あと、何かをお願いされたときには「どうぞどうぞ」なんていう言葉もありますね。迷惑かけてごめんなさいと言われたときには使えませんが。

いずれにしても、「いいさよー」の汎用性とシンプルさにはかなわないような気がします。つまり「いいさよー」は使いやすい。県外の皆さんも、よかったら使ってみろし。なにょう言ってるで、遠慮なんかしんでも、いいさよー。

③くで……（標準語訳）糸やひもなどがこんがらがってしまって簡単にはほどけない状態

編み物をしていると、知らない間にネコが毛糸だまにじゃれついて、毛糸がぐじゃぐじゃになってほどけなくなってしまった、なんていうことがよくありますよね。こんなとき山梨県民は「だめじゃん、『くで』にしちゃあ」とネコにいいます。

「くで」。ひらがなたった2文字です。スマートでしょう?　「混線」とも違います。「混線」では塊になってほどけにくい感じが足りません。しかも表現が硬いし。「ダマ」や「かたまり」とも違います。それだと糸やひも状のもの以外も含む範囲の広い言葉になってしまいます。

「いいさよー」の反対語は「ダメさよー」です。

「くで」は決して古くさい言葉ではありません。「荷造り用の紐を使おうと思ったら、くでになってた」「パソコンの配線がくでになってる」など、むしろ現代生活ではますます使われる場面が多くなっているのです。これをそのつど「こんがらがって簡単にはほどけない状態になってるぅ〜」などと言ってられますか？　標準語をお使いのみなさん、こんなときは「くでになってるぅ〜」と言うのがスマートですよ。今度から使ってみろし。遠慮しなくていいから。

▼甲州弁こそ正統派日本語である

①ぬく……（標準語訳）脱ぐ

靴を脱ぐ、服を脱ぐの「ぬぐ」を「ぬく」と言う山梨県人は多い。「早く服を脱けし」などと言う。これを、訛ってるとか、間違ってるとか、田舎もんだとか言ってはいけないのです。それは「ぬく」こそが由緒正しい正統派日本語だからなのです。

疑問に思われる方は広辞苑で「脱ぐ」を引いてみましょう。そこに、「ぬぐ」（奈良時代は清音）と書いてあるのを見つけることでしょう。濁音でなく清音。つまり「ぬぐ」ではなく「ぬく」だったというんですよ。ハイ、わかりましたか？　今山梨県人が言っている「ぬく」という言い方は、奈良時代の言い方をそのままの形で引き継いでいるんですね。

だから何なんだ、それがどうした、といわれてしまえばそれまでですが、ひとつだけ言いたいのは、「服をぬく」これが「訛り」というのは間違いであるということです。歴史的に見て訛っているのはむしろ標準語の「服をぬぐ」のほうであるということです。これだけははっきりさせておきたいと思います。

②えーしらう……（標準語訳）相手にする、受け答えする

ほかにしなきゃいけないことがあるのに、いつまでもくだらないことや人に関わっていると、「なんぼでもえーしらっちゃあいんで、早くやれし」と言われます。終止形は「えーしらう」です。古語に「あへしらふ」という言葉があります。意味は「①うけこたえする。応答する。あいさつする。②とりなす。ほどよくもてなす。待遇する」（旺文社古語辞典）とあります。「言葉少に言ひて、をさをさあへしらはず」（源氏物語・若紫）などの用例があります。意味がまったく同じなので甲州弁の「えーしらう」はこれが語源でしょう。

標準語にはこれと同類の「あしらう」という言葉はありますが、「あえしらう」という語は見当たりません。「あしらう」にまとめられてしまったのかどうかわかりませんが、「あえしらう」という語は消えてしまいました。

ところが、甲州弁にはそれが残っているのです。日常生活の中で現在も頻繁に使われているのです。きょうもどこかで誰かが「えーしらっちょし」などと言っていることでしょう。

奈良平安の由緒正しいことばが千年の時を超えて脈々と受け継がれてきているこの甲州弁こそ、

正統派日本語と呼ぶのにふさわしいのではないでしょうか。

③ちょ……（禁止をあらわす助動詞）

「行っちょ」（行くな）、「見ちょ」（見るな）のように、動詞に「ちょ」がつくと禁止の意味になります。山梨県人にとっては耳慣れた言葉ですが、県外の人にとって「行っちょ」は行っていいのかいけないのか、よくわからないそうです。

この禁止の「ちょ」を田舎くさい言葉だと思っていませんか。私は思っていました。ところがとんでもない、これは歴史ある由緒正しい日本語の本流にある言葉だったのです。古語に見られる「な泣きそ」「な忘れそ」は、泣くな、忘れるなという意味で、「な…そ」で禁止を表わします。この禁止の「そ」が変化して「ちょ」になって平成の現在まで山梨県では使われているのです。高齢者だけでなく子どもも使っています。現役バリバリの言葉なのです。この「ちょ」を使っている地域は山梨県以外では、静岡県の一部だけらしいのです。どうですか、これはもう甲州弁こそが正統派日本語だという動かぬ証拠なんじゃないでしょうか。

「ちょ」を知らないと、こうなります。

▼この豊かな表現力に瞠目せよ！

①つんむらかす……（標準語訳）お漏らしをする

お漏らしをすることを「つんむらかす」といいます。大小問わずお漏らし時に使います。「つんむらかす」ことは子どもから大人まで、すべての山梨県人にとって一大事なのです。漏れることを意味する「むる」に接頭語「つん」をつけて「つんむる」。ついに許容量を超えてあふれ出てしまうという緊迫感が表現されています。「つんむっちもう、つんむっちもう」の切迫感はここから生まれます。

さらに「やらかす」の「～らかす」を語尾につけて「つんむらかす」。これにより、重大事件を引き起こしてしまったという罪悪感が追加されます。「またつんむらかしとぉけ」と言われたときの山梨県人の罪悪感、自責の念は大変なものです。「つんむらかす」。日常語の中に、こんな切実な感情を伴った言葉がほかにあったでしょうか。

②あばちゃば……（標準語訳）せきたてられて慌てふためく様子

寝坊して遅刻しそうなとき山梨県人は出掛けにあばちゃばします。時間に追われてあわてふためく様子を表わす甲州弁オノマトペです。その音声から受ける印象が原因でしょうか、なんとなくユーモラスな感じがします。この独特な雰囲気を標準語に言い換えるぴったりとしたオノマトペは見当たりません。

近い言葉に「あたふた」がありますが、うろたえてばかりで動きが少ないのが難点です。「あばちゃば」はあっちこっち激しく動き回ります。

もうひとつ「どたばた」という言葉もありますが、「どたばた」は騒々しい感じがします。そして動きがなんとなく鈍くさい。「あばちゃば」はもっと軽やかでスピーディです。

時間に追われあっちこっち激しく動き回ってあわてふためく様子が目に浮かぶ、ユーモラスでイメージ喚起力に優れたこのオノマトペを、あなたの辞書に追加してみませんか。

③ひっくりけえさ……（標準語訳）ひっくり返してある状態。さかさ

Tシャツの前と後ろを逆に着たり、表と裏を間違えて着たりすると、「シャツがひっくりけえさじゃんけ」と言われます。山梨県ではひっくり返してある状態のことを「ひっくりけえさ」といいます。後ろ前、裏表のほかに、順序が逆、立場が逆などの場合にも使います。標準語の「さかさ」とまったく同じといっていいでしょう。言葉の持つ意味や使い勝手については「さかさ」も「ひっくりけえさ」も同レベルです。

「ひっくりけえさ」のすごいところはそのビジュアルイメージ力です。「シャツがひっくりけえさ」と聞いただけで、くるっと反転された様子を連想してしまいます。そこに至る過程までをも含ん

あたふた

あばちゃば

どたばた

だ言葉なのです。ビジュアルイメージ力ではほかの誰にも負けません。「さかさ」とビジュアルイメージ力の勝負をしたら「ひっくりけえさ」の圧勝でしょう。

【追記】

本項では国中方言を中心に紹介しました。山梨県人なら（概ね）理解でき、アハハと楽しく笑えるものばかりです。郡内地方在住の私がビックリしたのは、「くで」、知りませんでした。筆者の指摘の通り、スマート（のような気もします！）。これから、「くで」普及活動に励みましょう（三浦えつ子）。

2

領民のしあわせを願った「信玄堤」信玄さん、アンタはエライ！

五緒川津平太

我が家の近所に変わった堤防がある。川をせき止めるはずのものなのにその堤防は途中で切れている。そして、横にずれたところから別のもう一本の堤防が始まっているのだ。これでは水かさが増えたとき、その隙間から水が溢れてきてしまうではないか。そう思いながら、この不思議な堤防の上のがたがた道を子どもの頃よく自転車で走ったものだ。

それが信玄堤に連なる「霞堤」という治水技術であったと知ったのは、恥ずかしながらつい最近のこと。数年前、山梨県立博物館で武田信玄の治水事業についての展示を見たとき気が付いた。あ、この霞堤って、うちの近所の切れてる堤防じゃん、と。

▼甲府盆地を守り続ける堤防

霞堤とは、堤防をあらかじめ途切れさせておくことにより、通常の堤防が決壊したときよりも、増水の被害を小さく抑える工夫だという。素晴らしい逆転の発想ですね。自然と対決するのではなく自然と共生する日本人らしいやり方ではないでしょうか。そして、数百年前の治水事業の歴史ある構築物がこんなに身近にあるということを誇りに思った。

信玄堤は甲府から車で20分、釜無川に架かる信玄橋の東側にある。堤防に沿って大きなケヤキ並木があり、きれいな公園となっていて、散歩やジョギングをする人も多い。今は市民の憩いの場所となっているこの堤防が、釜無川の氾濫から甲府盆地を長い間守ってきたのだ。

▼知恵と技術が詰まった日本最古の大規模治水事業

信玄堤が作られる前までは、甲府盆地はたびたび水害に見舞われていた。釜無川の治水に本格的に乗り出したのが武田信玄だった。御勅使川と合流する地点を上流にずらすことで釜無川の流れのコースを変え、高岩と呼ばれるそり立った崖に流れをぶつけて勢いを減じるというスケールの大きい治水工事を行なったのだ。

このプランを実現させるためには堤防を築くだけでなく、川の流れをコントロールするためのいくつもの施設が必要だった。流れを導く「石積出」、御勅使川の流れを二つに枝分かれさせる「将棋頭」、流れをさえぎり別の方向へ導く「十六石」、わざと堤防を途切れさせることで壊滅的な決壊を防ぐ「霞堤」などである。知恵と技術が詰まった画期的なプロジェクトだといえるだろう。これらすべての治水施設を総称して「信玄堤」と捉えることもできる。そして、この信玄堤ができて以来、甲府盆地の人々は水害から守られてきたのである。

この「信玄堤」と総称される総合的な治水体系は、日本最古の大規模治水であり、日本の河川技術者では知らない人がいないという。しかし、よくもまあこれだけの大事業を成し遂げたもんだと思いますね。しかも私利私欲でなく領民のしあわせのためにですよ。信玄さん、アンタはエライ！

釜無川と信玄堤。前方に見える橋は信玄橋。

露堤の切れるところ。2メートルほどの高さの堤防が前方に行くに従って低くなっている。

3 勇猛果敢な猟犬 山梨県が誇る優秀犬種「甲斐犬」

五緒川津平太

Jリーグ・ヴァンフォーレ甲府のマスコット「ヴァン君」のモデルは何かご存じだろうか。牙のある大きな口とピンと立った三角形の耳から、私はてっきり狼がモデルかと思っていた。獰猛で相手から恐れられる、そんな攻撃的なチームをイメージしたんだろうなと。しかしそれは違いました。ヴァン君のモデルは甲斐犬だったのです。

「えっ、犬？　カワイイー。……でもなんだか弱そう」と思ったあなたは甲斐犬の良さがわかっていない。

甲斐犬は賢く敏捷で、しかも熊をも恐れない勇猛果敢な猟犬なのだ。スピードと技術で強敵にも堂々と挑んでゆくヴァンフォーレの象徴としてとてもふさわしいと思う。そう、甲斐犬は山梨県が生んだ世界に誇る優秀な犬種なのだ。

▼主人には絶対忠実、素朴な古武士の面影

甲斐犬が発見されたのは大正13年、甲府市の獣医師小林承吉氏によってである。そして昭和9年、甲斐犬は国の天然記念物に指定された。秋田犬、紀州犬、四国犬、北海道犬、柴犬そして甲斐犬。これら6犬種のことを一般的に日本犬と呼んでいる。

当時、小林氏が愛犬家へ送った「甲斐日本犬愛護会設立趣意書」には日本犬の特徴が次のように書かれている。「一代一生、主人には絶対に忠実で他人には容易に馴れ付かぬのみか、主人の危急に際しては、身を挺して外敵に当たり死もまた辞さない」「立耳巻尾のあたかも犬張子のような体型の持ち主で、その体型や気性から受ける感じは、素朴な古武士の面影を彷彿させる」。この日本犬の特徴はこのまま甲斐犬の特徴とも言えるだろう。

発見当時、甲斐犬が確認されたのは、芦安村（現南アルプス市）、西山村（現早川町）など数カ所だったが、芦安村の犬が特に優秀で多かったという。また、甲斐犬発見当時、芦安村では住民ほとんどが猟をしていて、甲斐犬を優秀な猟犬として大切にし、飼っていた犬はすべて甲斐犬で、他の犬種はいなかったとのこと。

これら発見当時の飼育状況、頭数、特徴から判断して、小林氏のご子息である獣医師・博物館学芸員小林君男氏は次のように言っている。

「甲斐犬の虎毛色、敏捷で跳躍力が大きい能力、非常に利口で主人に忠実なことなどの特徴は、南

アルプスの高く険しい山の地形と厳しい気候風土、羚羊・熊をとっての狩猟生活、芦安村の村民すべての愛育で、三千年～四千年の永い年月をかけて芦安村で完成したと判断されます。したがって、芦安村が甲斐犬の原産地です」（小林君男『甲斐犬の歴史と解説』より）

▼甲斐犬のふるさと・芦安

というワケで、現在甲斐犬がいるかどうかわからないが、とにかく芦安へ行ってみた。御勅使川沿いの道を山に向かって車を走らせるとやがて人家は途切れ緑の中の一本道となる。すでに南アルプスの懐に入り込んでいるということがわかる。芦安は北岳の登山口でもあるのだ。やがて道路脇に「甲斐犬発祥の地」の看板が見えてくる。甲斐犬のふるさと芦安にたどりついたのだ。

甲斐犬についてお話をうかがおうと役場を尋ねると、甲斐犬愛護会の伊井和美さんを紹介してくれた。そして、観光案内所の方が家まで私を連れて行ってくれた。芦安の人はみんな親切だ。

伊井さんの家に着くと何頭もの虎毛の犬がいた。おお、この耳がぴんと立った精悍な顔つき、そして敏捷な動きはまさしく甲斐犬だ。近づくと私に向かって吠えてくる。鎖につながれているとはいえ、やっぱり怖い。主人の伊井さんに犬をなだめてもらってからお話を聞いた。

伊井さんは甲斐犬が大好きで現在7頭の甲斐犬を飼っている。甲斐犬の魅力をうかがうと、「虎毛模様なので一見怖そうに見えるけど、実は人懐っこい。主人に忠実で、他人には吠えます。でもその人が主人と親しく話をしているのを見ると今度はなつきます。非常に賢い犬です」という。

たしかに、こうして二人で話をしているうちにだんだん吠えなくなってくる。何枚か写真を撮らせてもらってお別れの挨拶をした。あんなに吠えていた犬たちが、そのときにはすっかり大人しくなっていた。なるほど甲斐犬は賢い。

甲斐犬は永く未来に伝えていきたい大変優秀な犬なのであった。

甲斐犬をはぐくんだ南アルプスの里、芦安。

南アルプスを背にすっくと立つ甲斐犬。この精悍な姿を見よ。
（伊井和美さん所有）

4 「西島手漉き和紙」のぬくもり 独特の製法を現在に伝える

五緒川津平太

障子を通して入ってくる日の光はやわらかくてホントに心地いいものですね。直射日光を障子紙が包み込むような明るさに変えてしまうからでしょうか。

それから、手漉き和紙でできたはがきをもらうことがあります。その手触りとやわらかい地色の美しさは、受け取った人に何か特別なものを感じさせます。また、和紙を使った照明もいいですね。やわらかくてぬくもりがあって。いやぁ、和紙って本当にいいですね。

▼紙代官・望月清兵衛の偉業

そんな和紙の魅力を集めた場所が山梨県にあります。身延町西島の「なかとみ和紙の里」です。ここには、和紙を使った工芸美術品を展示する美術館があり、また、さまざまな和紙製品の販売もあり、手漉き和紙作りの体験もできるのです。

でも、なぜこの西島が「和紙の里」と呼ばれるのでしょうか。それは、かつて峡南地域で栄えた和紙生産の中心地がここ西島であり、昔ながらの手漉き製法を今でも守り続けているからなのです。西島手漉き和紙の始まりは、武田信玄の時代にまでさかのぼります。西島生まれの望月清兵衛は伊豆の修善寺で和紙づくりの修業をして、ふるさと西島にその製法を持ち帰りました。清兵衛の和紙はそれまでの楮（こうぞ）を原料とした紙ではなく、三椏（みつまた）を原料としたもので、さらさらとした感触でにじみも少なく書に適していました。この紙を手にした信玄は大いに喜び、この紙を「西未（にしひつじ）」と命名し西未の文字を刻んだ朱印を清兵衛に授け、紙代官に任命したのです。

清兵衛さんのすごいところはそれだけではありません。この製法を自分だけの秘法とせずに、みんなに公開して紙の生産をどんどん広めたのです。そのおかげで、西島だけでなく身延、南部、芝川など峡南地域から静岡県にいたる富士川流域一帯が紙の一大生産地となったのです。

当時、富士川流域の峡南地域は平地が少ないために農作物はあまり収穫できませんでした。しかし、紙の原料となる三椏は斜面でも育つため、土地は紙の原料生産地となり、製紙業が盛んになるとともに地域全体が豊かになったのです。江戸時代には西島だけでも１００軒以上の手漉き和紙の工房があったそうです。そのため人も集まり、的場や遊郭などもできるくらい栄えたそうですよ。

▼書道家の心をとらえて発展

そんな製紙業にも機械化の波が押し寄せます。明治時代以降、書道半紙の生産が中心となっていましたが、それも機械による大量生産品に押されて、手漉き和紙は次第に廃れていきました。それを救ったのが画仙紙の国内生産です。墨色が美しくにじみもきれいに表現できる画仙紙は書道家に愛用されていました。しかし、そのころ画仙紙は中国から輸入しないと手に入らなかったのです。

昭和30年頃、西島の一瀬憲と佐野清亀は書道家の竹田悦堂とともに研究を重ね、独自の画仙紙を開発したのです。筆が触れるとぱっと墨が広がる優れた画仙紙は書道家の人気を集め、爆発的に売れたそうです。画仙紙を全国に先駆けて作ったことにより、西島和紙は再び大きく発展したのです。

近年は中国や台湾からの輸入品が安く手に入るようになったことから、経営的な厳しさが増してきましたが、蓄積された技術に新しい工夫を加えて、省力化や新製品の開発で新しい和紙作りが始まっています。

▼長寿命の記録媒体・和紙

最新の記録媒体であるＣＤやＤＶＤのデータは太陽光や湿気に弱く、保存状態が良くなければ寿命期間は意外と短く数年から数十年だと言われています。何百年何千年と残るのは結局、木に書か

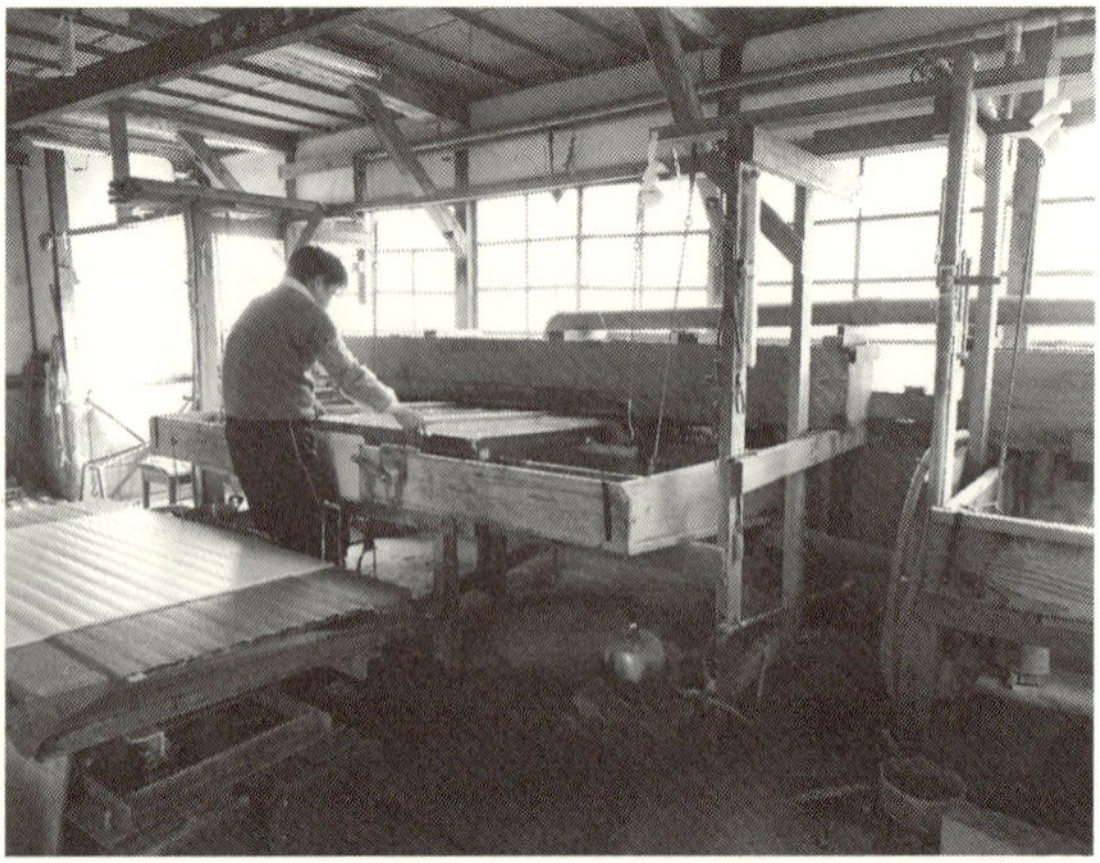
西島には昔ながらの手漉き製法が生き続けています。(山十製紙)

れた文字や石に刻まれた文字だけなのです。そして、忘れてならないのが紙です。三椏を原料にしている西島和紙は虫食いに強い。だから、水に濡れたり燃えたりさえしなければ、木や石に並ぶ長寿命の記録媒体となるのです。

そして、情報の記録を刻むのに手間が掛かる石、かさばる木ということを考えると、大量の情報を長期間記録するのにもっともふさわしいのは紙ということになるのではないでしょうか。数万年後、未来人によって発掘される現生人類の記録は、もしかしたら西島の手漉き和紙に書かれたものかもしれませんね。

5 世界に誇る「甲州印伝」伝統工芸は現代工芸

五緒川津平太

▼奈良時代から始まり、江戸時代に広く普及

甲州印伝のシックなハンドバッグを、様子のよいご婦人方が持っているのをよく見かけます。漆の独特の光沢を放つバッグの高級感と品の良さは、ほかではなかなか得られませんよね。「印伝のバッグはどこへ持っていっても引けをとらない」と、うちの母も常々申しております。そのことは日本中のご婦人方が認めてくださるんじゃないでしょうか。

そんな、どこへ持っていっても決して引けをとらないモノづくりが、甲州印伝なのです。この、世界に誇る伝統工芸であり、現代工芸が山梨県にはあるんです。すごいことですよ、これは。

日本の革工芸は奈良時代から始まったといわれています。中でも鹿革は体によく馴染み、そして強いことから、武具によく用いられたそうです。

印伝という言葉の由来は、江戸時代に外国人が持ち込んだインド装飾革の名前から。ポルトガル語 indian やオランダ語 indiën からそのインド装飾革は「印伝」と呼ばれました。「印度伝来」を省略したとも言われています。この装飾革製品に刺激されて日本の革工芸も発展します。やがて和様化された装飾鹿革製品が出来上がり、今度はこれを印伝と呼ぶようになったのです。

「どふぞ是をうりたふござりますが、おつかいなさつて下さりませぬか」トこしにさげたるいんでんのきんちゃくをいだし、みせる（十返舎一九『東海道中膝栗毛』より）。

三島の宿で泥棒に遭いお金がなくなって困った喜多八が、沼津でお侍に印伝の巾着を買ってもらうという場面です。江戸時代、印伝が広く普及していたことがわかります。巾着、財布、煙草入れなど、実用と装飾を兼ね備えた品々が日本各地でさかんに作られ、庶民に愛好されていたようです。

▼技法を公開する老舗「印傳屋上原勇七」

しかし、現在この製法が伝わっているのは甲州印伝だけなのです。なぜ山梨県だけに印伝が根付いたのでしょうか。甲府市の老舗「印傳屋上原勇七」のパンフレットにはこんなことが書かれています。

「四方を山に囲まれた山梨県（甲州）は、古くから鹿革や漆を産出していたことから、甲州印伝が生まれ育つには格好の地でした。遠祖上原勇七が鹿革に漆付けする独自の技法を創案し、ここに甲州印伝がはじまったといわれています」

原材料が豊富で手に入りやすかったことがさいわいしたようです。そして、印傳屋代々門外不出とされてきた家伝の秘法は、現在は印伝技法の普及・宣伝のため、広く公開されています。

▼いいものを求め続けて、たどりついた甲州印伝

さて、甲州印伝の魅力って何でしょうか。普段ジーンズばかり穿いている私には高級品である甲州印伝はまったく縁がなく、人の話を聞いたり資料を読んでも正直言ってよくわかりません。そこで、甲府市中央にある印傳屋本店に行って話を伺いました。

さまざまなデザインのハンドバッグ、財布、小物入れなどが並んでいました。それが似合いそうな様子のよいご婦人たちが買いに来ていました。副店長の飯島健二さんの話では、近年は年配の女性だけでなく、若い女性にも好まれるようになり30～40代のお客さんも多いそうです。

「伝統の技法は変わりませんが、モノの形は時代によって変わります。バッグひとつとっても、デザイン、使い勝手など、毎年変わっていきます。柄も毎年新しいものを提案しています」。甲州印伝の今後について尋ねると、飯島さんはこんなふうに答えてくれました。そうか、甲州印伝って古いようでいて、実は新しいんだ。

いい財布を求めて海外ブランド物の財布を愛用していた人が、さらにいいものを求めていろいろ探して最後は甲州印伝の財布にたどり着いた、なんていう話も実際あったそうです。山梨県民としてなんだかうれしくなる話ですね。

6 秦の国からやってきた「徐福さん」富士山北麓の地に伝えた機織り&農業

三浦えつ子

▼人間味を感じさせる「徐福伝説」

富士北麓地域の出身でも長らく都内に暮らした私が仕事場を富士吉田に移転して12年。山梨県民・富士吉田市民となって日常的にローカル局番組、新聞ローカル紙、全国紙山梨版、地域広報誌やタウン紙の情報に接し、そして多少の地域ボランティアなどの活動を通して、気付いたことがあります。

それは、山梨は民話（昔話、伝説）の宝庫！　先祖が自然とかかわってきた姿や、神仏に寄せた心持ちなど、人間の力を超えた不思議な世界感を語り継いでいる方々が多数おられるのです。もちろん、それは山梨県に限ったことではないでしょう。日本全国に土地言葉で民話を紹介する語り部の存在は広く紹介されています。

しかし、富士山北麓・富士吉田に伝承される「徐福伝説」には特別な風合いというか人間くささを感じさせられます。2220年前、秦の時代に日本にやってきて機織りや農業を伝えたといわれる徐福さん。当地では「富士山徐福学会」なる研究会も地道な活動を続け、御本家「中国徐福学会」との交流も続けているのです。

2013年に開催された国民文化祭「富士の国やまなし国文祭」の提案事業として実施された「富士山徐福フェスティバル」には日本各地の徐福研究者も集いました。《徐福とまちづくり》をテーマとしたパネルディスカッションや、徐福オリジナル楽曲を唄うライブなど多彩な内容。「郷土史や伝説を学び知り次代へ継承する。それが地域の誇りとなり、個々のアイデンティティーにもつながるのではないか」と富士山徐福学会会員・伊藤進氏。

なるほど！　では「徐福ロマンで逆襲」といきましょう。

▼秦の始皇帝の命を受け富士山までやってきた徐福

富士山徐福学会代表・土橋寿氏は、徐福研究半世紀を超え、中国江蘇省連雲港市徐福研究所特別研究員でもあります。富士吉田に暮らす土橋寿氏に徐福研究のきっかけや人物像をうかがいました。

伝説から実在の人物に

「富士山の北麓には1000話ほどの民話があります。その中で、ただひとつ、海をまたいで日本、

富士吉田市街と徐福像(合成)

中国、韓国を結ぶ国際色豊かな伝説があります。それが《徐福伝説》です。

話したらキリがないほどなので、かいつまんで解説しましょう。ときは紀元前3世紀、秦の始皇帝の使者・徐福は不老不死の霊薬を求めて富士山麓に至り、富士吉田で没しました。

この伝説のルーツは、司馬遷の『史記』(前91年頃完成)にさかのぼります。『始皇本紀第6』には「始皇帝28(前219)年、『徐福に数千人の童男童女を与え、海上に仙人を求めさせた』という記述があります。これが、伝説の始まりです。

時代は流れて1982(昭和57)年、徐福の古里・江蘇省連雲港市から遺跡が出土し、徐福は実在の人物だったという証拠が出たのです。中国の徐福研究の第一人者、徐州師範学院教授・羅其湘氏が中華人民共和国政府による地名辞典編纂事業の最中に発見し、世界的なニュースになりました。徐福は2000年の深い眠りから突如として歴史研究の表舞台によみがえってきたのです。

もっとも、こうした史実があっても、この発見を日本人観光客向けのパフォーマンスとする声もきかれます。それは、多角的研究をすすめる歴史研究には付きものでしょう」

蓬莱山（富士山）に不老不死の霊薬を求めて

「始皇帝が生きたのは、中国史上かつてなかった思想の自由を謳歌した哲学の時代。悪名高き独裁者ともいわれる始皇帝の望みは不老不死の霊薬を手に入れることでした。先にも述べましたが、その霊薬が『蓬莱山（ほうらいさん）』（古来、中国で呼ばれていた名前・富士山のこと）という神の山でつくられている言い伝えが、当時の秦の国では信じられていたのです。そこに野心的な方士（古代中国で、神仙の術を身につけたもの。方術の士）のひとりであった徐福は《不老不死の霊薬を求めて東方の桃源郷への旅》を提案。両者の利益が一致したのですね。

徐福は童男童女500人の他、さまざまな技術者（百工）を含め総勢3000人の集団を引き連れて中国大陸を旅立ちました。余談ですが、作家の陳舜臣さんによると中国では昔から日本を語る際に、必ずといってよいほど『海を渡った徐福の子孫の国』という前置きをつけているそうです。徐福は、中国の『東渡蓬莱第一人』なのです」

縄文から弥生への過渡期に渡来

「日本国内に徐福の故事を伝承する土地は、北は北海道の富良野から南は鹿児島の串木野までの約40市町村あります。これらの中で上陸地とされるのは、南から坊津・串木野・伊万里・諸富・土佐・須崎・伊根・小泊の8海岸です。なにせ紀元前のこと、おそらくは風の流れや潮の流れによるものなのでしょう。

各地の徐福伝説を概観すると、徐福一行は九州に上陸し、次第に東上し、内陸へ進んだものと考えるのが自然です。終焉の地として伝わるのが6カ所もあり、新宮・熊野・富士吉田には徐福の墓が現存します。

徐福の渡来は、縄文から弥生への過渡期。徐福集団・百工たちの技術が、当時の日本文化に少なからぬ影響を及ばしたと、私は考えています。具体的には農業・養蚕・機織り・漁法・造船・航海・製鉄・製陶・医術・道教などの技法がわが国にもたらされたようです。

日本では徐福の渡来を実証する遺物は残念ながら未出土です。ですが、歳月を重ねて語り継がれてきたこれらの民間伝承は、遺物に匹敵する渡来の間接的な証拠ともいえるでしょう。

伝説地の多くが徐福を神として祭る中で、異彩を放つ3話を紹介すると、八女市『童男山ふすべ（ふすべ＝たき火）』　倉敷市安養寺『護摩法要』　富士吉田市『鶴に化した徐福』伝承です」

富士山北麓に充実する徐福ロマン

「徐福は佐賀県に上陸後、紀伊半島に至り、さらに富士北麓に至って没した。徐福伝説を総合する通説です。佐賀、新宮市（和歌山）、富士吉田市が日本の徐福3大伝説地といわれる所以です。

富士北麓には、富士吉田市、山中湖村、富士河口湖町に伝承のカタチが残ります。私はこれを『富士山徐福』と称しています。

「聖徳山福源寺・鶴塚」（富士吉田市下吉田）碑には「一鶴を葬る」とある。鶴は「ここは福壌（めでたい土地）だ」と言ってこの地にとどまった徐福の化身と考えられていた。
この碑が建てられたのは、江戸時代。時は将軍綱吉の生類憐れみの令の頃。寺の境内に一羽の鶴の死骸が発見された時、鶴捕獲の禁止令もあり、住職は驚いて谷村勝山城主に届け出たという。このことから、鶴塚伝説は、「下手人を村人の中から出さないために、徐福の話を巧みに使い考え出した先祖たちの叡智」という説も残されている。

富士吉田には下吉田の福源寺に『鶴塚』が現存します。ざっと300年の昔、北麓の空を舞っていたという鶴の墓です。碑銘によると、この鶴は徐福の化身。鶴塚は徐福の慰霊碑なのです。富士吉田には、このほかにも徐福の遺跡と文物があります。明見湖畔古原のお伊勢山に残る徐福墓と、大明見・宮下家所蔵の古文献『宮下文書』です。前者は江戸時代中期様式の墓石が建つれっきとした墓で、後者は徐福が書きおこしたとされる歴史書です。

また近年、明見湖畔に『徐福像』が、北口本宮富士浅間神社には『徐福碑』が建立されました。山中湖村長池には徐福子孫居住の伝承があり、富士河口湖町河口の浅間神社には、参道のど真ん中に徐福を祀るという『波多志之神祠』もあります。これだけ見ても、富士山北麓には古代のロマンが充実しているのがわかるでしょう」

2220年の歴史を超コンパクトにダイジェストして語ってくださった土橋寿さん。2012年に予定されていた「中国徐福文化象山国際大会」（中国・韓国・台湾・日本の研究者が集う）が、尖閣諸島国有化をめぐる日中間のあつれきで開催直前に延期されたことに触れ、「文化交流を続けてこそ、国際友好が実現すると思う」と話します。

土橋さんはもちろんのこと、富士山徐福学会のメンバー、郷土伝説の愛好者にとっては、徐福は今も生きています。まさに不老不死！　研究会で古代のロマンに思いをはせ、ときにグラスを傾けながら、論じ合う。なかなかに心豊かな方々、素敵です。

富士吉田市民夏祭り（2013 年 7 月）をコスプレで盛り上げる
富士山徐福学会のメンバー。
堀内茂市長も笑顔で参加（左から 5 人目）。
右端は代表の土橋寿さん。

富士吉田市だけでなく、徐福伝説を町おこし・国際交流のシンボルにする自治体も増えつつあると聞きます。

7 北麓の人々から愛される「木花開耶姫命《このはなさくやひめのみこと》」

三浦えつ子

▼日常の暮らしになじむ富士山の女神さまたち

２００１年に発足した富士吉田市立図書館のボランティアグループ「このはなさくや」。読み聞かせ・読書活動推進を中心に「定例おはなしかい」「出前おはなしかい」を実施しています。

その名前の由来は「富士山の女神・木花開耶姫」。

「富士山のお膝元です。〝このはなさくや〟という名前はすぐに決まりました」と、図書館スタッフはいいます。木花開耶姫に対しては、皆さん「超親近感アリ！」だそうです。

「ねぇ、磐長姫（いわながひめ）が怒ってるって、まことしやかに言われてるんだけど、知ってる？」と、友人。

「何、それ？」と、聞き返すと、

「富士山が世界文化遺産に登録されて、木花開耶姫ばかり注目されちゃって、ジェラシーに燃えてるって。天変地異が起こらないように、磐長姫をおまつりしている富士山五合目の小御嶽（こみたけ）神社にお参りする人も増えているそう。お気持ちを鎮めていただきましょうってことねぇ」と。

さすが、地元で愛される女神さまたち。21世紀の暮らしの中でもしっかりとその存在感を示しています。郷土史家や歴史家でもない一般市民の日常会話に「コノハナサクヤヒメ・イワナガヒメ」がご登場。

歴女とはいえない私ですが、こうした話は大好きです。だって、ちまちましてないでしょう。スケールが壮大でしょう。ロマンチックでしょう。アタマとココロの自由度が増すような気がしてきます。

さて、本項の主役・木花開耶姫命。その美人伝説ぶり、以下に紹介いたしましょう。もちろん姉神・磐長姫も忘れてはいけません。

▼片や富士山桜の香りがただよう女神、片やご立腹

私の記憶に残る女神さまの典型は、山梨県連合婦人会発行の「やまなしの民話（発行は1983年／昭和58年。学童を対象として作られたようですが、縁あって私の手元に。当時、すでに成人でした）」に収録された「富士山の神・木花開耶姫」。美人でやさしくおしとやかなイメージなのでした。

磐長姫の記述はあったかしら?と、思いつつ、ページを繰ってみると、いやー、ハッキリ「醜女」と断言。おまけに「富士山の見えるところには、美人を産ませない」ですって。だからかぁ、いやいや、それはありません。そんなことといったら、首都圏に美人はいないことになりますって。ともかく、磐長姫ったらインパクト充分。30年後に読み返してみたら、磐長姫が俄然輝いて感情移入できたのでした。

むかし、昔、大昔、天孫ニニギノミコトが国見にまわっておられたとき、素晴らしく美しい女の神さまをみそめられました。

ミコトはさっそく、

「おまえは誰の子であるのか」

と、尋ねられました。女の神様は、

「ハイ、私はオオヤマツミノミコトの子でございます」

と、答えられました。


美しく、しとやかな女らしさを、すっかり気に入ったニニギノミコトは、すぐに父君のミコトをたずね、

「おたくの姫を、わたしの嫁にほしい」

と、申し出たところ、父神は大喜びですぐ一人の娘を見合わせました。実はこの姫、イワナ

ガヒメといい、美人とみそめられた姫の姉で、醜女でした。ニニギノミコトは、「この姫ではない、もう一人の姫だ」

と、言うと、父神は「やはりそうか」と妹姫を呼んで見合わせました。この姫こそ一目惚れした女神で、コノハナサクヤヒメと言われる方であり、ニニギノミコトはすぐに姫を后にされました。

姫は、それはそれは美しく、まるで富士桜が匂っているように、下を向いて優しく口をきくのが、何とも美しく、まさに、木の花が咲き匂う風情だったのです。

この姫こそやがて富士山の神となり、文徳天皇の仁寿三年に、浅間祭神として官社に列せられた、木花開耶姫命なのです。

さて、姉神の磐長姫は、いつもいつも妹姫の美しさに負け、最後には御腹立ちのあまり、「妹姫が神となっている富士山の見えるところには、美人を産ませない」

と言われました。

しかし、今はお怒りもすっかりとかれ、富士山五合目の小御嶽神社に、妹姫と共に祭られ、丈夫で長生き、交通安全の神として人々の尊敬を集めながら、栄え祭られおられることは、目出たいことです。

「ふるさとやまなしの民話（第一集）」（山梨県連合婦人会発行／昭和58年発行）より　原文まま

▼愛情をたっぷりとそそがれた女神さま

富士吉田市歴史民俗博物館には、富士山の頂上に雲に乗ってあらわれた木花開耶姫の像（江戸時代末の作）が展示されています（70頁に写真）。もちろん、ふっくら美人系に造形されています。

2010年夏に開催された企画展「富士の女神のヒミツ」では、富士山噴火や浅間神社との関係性、お札《ふだ》に描かれた女神やご利益《りやく》などなど。多面的なアプローチで展示され、訪れた人たちを楽しませました。

その際に作成された解説書は後に加筆修正され、愛らしいキャラクター「サクヤ」が富士山の神さまを案内する冊子として発行されています。今や私の愛蔵書。木花開耶姫命に込められたたっぷりの愛、地元博物館はこうでなくっちゃ。

ここで紹介された女神さまのお話を以下に。ここでも、磐長姫は強い！です。

「古事記」や「日本書紀」に登場した木花開耶姫のお話

ある日、天の神さまの子孫の瓊々杵命（ニニギノミコト）という男の神さまが、下界に降りてきました。その時、大変きれいな女性を見かけて恋に落ちました。その女性が木花開耶姫（コノハナサクヤヒメ）という女神でした。

木花開耶姫という名前には、桜の花が咲くようにきれいな女性という意味があります。

木花開耶姫のお父さんは大山祇命（オオヤマツミノミコト）といい、瓊々杵命はその大山祇命に木花開耶姫と結婚したいと申しでました。大山祇命は、お姉さんの磐長姫（イワナガヒメ）も一緒にもらってくれるなら、結婚を許すといいました。

そこでお姉さんに会ってみると、大変顔が醜い女性だったので、瓊々杵命は磐長姫を家に帰してしまいました。

磐長姫は岩のように生命力のある女性だったのですが、この人を帰してしまったため、瓊々杵命の子孫は寿命が短くなってしまったそうです。

「富士の女神のヒミツ」（富士吉田市歴史民俗博物館編集／２０１０年発行）より

▼女神さまと富士山世界文化遺産の構成資産のステキな関係

富士山の女神さまは、その時代時代で名前が変わったといわれますが、江戸時代に「木花開耶姫」の名が定着しました。富士山をおまつりする浅間神社の神さまは、ほとんどが木花開耶姫です。北口本宮冨士浅間神社、冨士御室浅間神社、河口浅間神社などは富士山世界文化遺産構成資産です。

木花開耶姫には、火の中で子どもを無事に出産したという伝説が残されていることから、古くから富士山では安産祈願も多く行なわれました。

富士河口湖町にある「船津胎内樹型」や富士吉田市の「吉田胎内樹型」と呼ばれる溶岩の洞穴は、

木花開耶姫命像（富士吉田市歴史民俗博物館所蔵）

女神さまの「体の内」、または出産のための産屋とされ、安産信仰と深く結びついた歴史があります。もちろん、これらの樹型も富士山世界文化遺産構成資産です。

富士山の女神さまのご加護を願いながら、その魅力を語り継ぎたいものです。女神さま方がごく自然と日常の話題にのぼる。それは女神さま信仰。富士山麓の文化的逆襲ツールです（よね）。

8 「無尽《むじん》」古くから伝わる互助システムが地域を活性化する

三浦えつ子

山梨県内の読者の皆さまには、改めて紹介するまでもない、そう、「無尽」です。県民にとってはあまりにも身近な風習・生活習慣でしょう。

ですから、ここは県外の方、または県内に赴任された方、移住された方などに向けて少々の解説を。

「無尽」は、鎌倉時代に始まった庶民同士の融資制度に由来という説や、江戸時代の相互銀行の原型となった互助システムに由来など説はいろいろ。「無尽講」「頼母子講」ともいわれます。

▼庶民金融から大人のサークル活動へ

決まったメンバーが定期的に集い、毎回定額を出し合い、そのオカネをプールします。メンバーの誰かが、冠婚葬祭や突発的な物いりがあったときや、事業資金不足などの事態に至ったときには、お互い助け合うために蓄えたオカネから融通します。何事もなければ一定期間がくると公平に分け合います。これが「無尽」の原型。

オカネが絡みますから、信頼関係は不可欠です。昔から住民同士のつながりが強い山梨県で、この風習が発展し、現在まで引き継がれてきました（福島県の会津地方、九州各地、沖縄県などでも無尽の風習は残っているそうです）。

もっとも、金融機関が整った社会環境の現在、オカネを融通し合うことはほとんどなくなり、仲間が集うという習慣だけが残りました。一種の飲み会・食事会ですね。飲食代の他にオカネを積み立て、ある程度まとまったところで旅行やイベントを楽しむという趣向です。これを「無尽会」と称します。また「貯金会」といわれる集まりも同様です。

山梨県内の飲食店はこれでもっている、という人も。それは極論としても地域の活性化を担っているのは確かです。人口の割にレストランや居酒屋が実に多い（ような気がします）。看板やメニュー、壁面などに「無尽会、貯金会、承ります」と表示している店も多く、知らない人にとっては「なんだこりゃ！」でしょう。

この無尽会や貯金会は、いってみれば、大人のサークル（クラブ）活動的なもの。小学校からの同級生、職場の友人、草野球チーム、趣味仲間、ママ友（いわゆる女子会的な雰囲気）、地域自治会や消防団から発展したお仲間などなど。同世代だけでなく幅広い世代の集まりもあります。

幹事は持ち回り、利害関係のないお仲間ほど長く続き、話題も豊富で楽しめるようです。情報通の幹事だと開催場所や企画にもこだわりをみせます。おいしいレストランを選ぶことはもちろん、カラオケ、バーベキュー大会、温泉やスパなど。大いなるリフレッシュ（念のため、これらはあくまでも、気の合ったお仲間でのことです）！

私の周囲では、たいていの人がひとつふたつの「集まり」に参加。お付き合いの広い人では10以上も！　お疲れさまって感じもありますが（だって、費用もバカにならないでしょう）、かえってそれが暮らしの張りとなり、励みになるといいます。豪気な人たちです。もっとも近年では、さすがの山梨も人間関係が稀薄になって、無尽会や貯金会には参加しない人も増えています。

▼全国トップクラスの健康寿命の長さの要因は「無尽」！

元気で自立した生活をすることを指標にした「健康寿命」。介護が必要のない寿命のことです（90歳で亡くなる5年前に要介護状態になると健康寿命は85歳となります）。この健康寿命、誇らしいことに、山梨県はかなり長いのです。

山梨日日新聞の「すけっこの流儀」企画取材班と山梨県立大の共同調査（2012年）によれば、全体的な傾向としては、人づきあいが充実している人ほど健康で前向き。趣味や生きがいがあることは、生活の満足度や健康と直結していたとか。子育てや介護など、境遇が同じ人は助け合うための人づきあいを求めていて、人づきあいが充実していると他人を信頼するし、他人からも必要とされているそうです。

「無尽」を介して人とつながって生きることは、助けまた助けられる関係を他者と築くだけでなく、健康にもつながるのです。健康寿命を延ばすことは、地域社会にとっても大きな資産となります。

知り合いの年配の方は「遠くに住む家族より、無尽仲間のほうが自分の健康状態を知っている」と話されています。ステキな信頼関係がうかがえます。住民同士の密接な信頼関係を象徴する「無尽」は健康を保つ秘訣なのかもしれません。誰にとっても、気のおけない仲間と共に過ごす時間は幸福なひとときでしょう。

しかし、義理からみで仕方なく参加する無尽があるのも現実。いやいや参加したら、それはストレスにつながります。無尽には楽しく参加したいものです。もちろん選挙にまつわる話や損得勘定は抜きで！

【付記】

本書をまとめるにあたり、個人的なネットワークを駆使。おすすめの特産品や風習、土地言葉などを聞き取りました。回答を寄せてくださった方は562人。中で「無尽」「貯金会」に関する記述をされた方は50人でした。

「地域柄か、同級生全員で貯金会をしています。自慢です」「若人から老人まで、いろいろな貯金会（無尽）があり、コミュニケーションがとれる」「無尽会の風習があるので地域のつながりが深く、人情味に溢れている」といった肯定派が7割。2割は「他の人は寄せ付けない印象がある」「参加していないと、変人だと思われる」と、やや否定派。残りは「どうしたら無尽に入れるのか？」といった不思議派（ほとんど他県出身者）でした。カンタンです。ごはん食べよう、と、数人を誘って、それを定例化すればよいのです。

お店を「無尽会」が支える？

9 「そば切り」は甲州発祥！山間の木賊（とくき）集落の伝承説

三浦えつ子

そばは信州、その印象は山梨県でも強く浸透しています。「細長く切ったそばの発祥は大和村」と話すと、その発祥の地・甲州市に暮らす人たちの中にも「知らなかった。長野だと思っていた！」という声が多く聞かれます。

それも当然で、実は信州発祥説もあるのです。江戸期に書かれた『風俗文選』（著者は松尾芭蕉の弟子のひとり・森川許六）によると「蕎麦切りというはもと信濃国、本山宿（長野県木曽郡楢川村・現塩尻市）より出で、普く国々にもてはやされた」と記述されています。

では、甲州発祥説。

尾張徳川家の藩士・国学者の天野信景が元禄年間に著した雑録『塩尻』で、信濃人からの伝聞として蕎麦切りについて述べています。「蕎麦切りは甲州よりはじまる。天目山栖雲寺の参詣に多くの人が訪れたが、米や麦が入手しにくいため、宿ではそばを練ったものが出されていた。後に、うどんを参考に細く切ったものを供するようになった、と信濃人語りし」と書かれています。『風俗文選』『塩尻』ともに伝聞の書。これによって史実を云々するのは難しいともいわれますが、それはそれ。そば切りの元祖は甲信地方である、という説があるのは間違いなさそうです。

となれば、本書では当然のことながら、「そば切り発祥は甲州」と断定いたします。今日的そば（細く切ったもの）の発祥の地といえば、甲州市大和町木賊。

また、江戸時代の甲府城下ではこの「そば切り」は普及していたようです。甲府城下町遺跡からはそばの種子が多く発掘され、甲府城下町に出された法令を書き留めた「御用留（ごようどめ）」にそれを裏付ける記載があります。

▼江戸時代から愛された「そば」

そば切り発祥は甲州でも大消費地はお江戸。それは揺るぎない事実でしょう。江戸に最初にできた飲食店がそば屋だといわれます。日本橋瀬戸物町（現在の日本橋室町）に開店した《信濃屋》が元祖。「そば屋」という言葉が通用するようになったのは18世紀初め以降、享保の頃といわれますが、その当時はもっぱら「けんどん屋」と呼ばれていたそうです。信濃屋の客扱いがあまりにも「突っけんどん」。その客あしらいが評判になって「けんどん屋」。お客さま第一、おもてなしジャパンを標榜する現在の東京からすると、「エッ！そんなことで商売になる？」との思いもチラリとアタマをかすめますが、きっとのどかな時代だったのでしょう。

当時のそばは、そば粉100％のきそば。ちぎれやすいので、そば屋では蒸してから切って供したそう（一般庶民はそばがきとして団子状で食べるのが主流）。この蒸しそばを経て小麦粉を混ぜた今日的そばに進化していくのです。余談ですが、現在でも愛好家も多いそばがきは室町時代から食されていたそうで、手打ちを得意とするそば店などでは定番メニューになっていることもあります。醤油に刻みネギとワサビをきかせてつるりと。なかなかおつな味で、酒によく合います。黒蜜やきな粉で甘菓子のようにいただくのもいいですね。

▼旧大和村で盛り上がった「そば切りで村おこし」

そば切り発祥の郷《さと》をテコに村おこしを実施したのが、旧大和村（現甲州市）です。1988年から89年にかけて実施されたふるさと創生事業（当時の竹下登内閣が各市町村に対し地域振興のため資金一億円を交付した）・ふるさと創生基金を使ったプロジェクト。世はバブル景気真っ只中でした。

「切りそば発祥の地・大和村　そばを目玉に　つるりと村おこし」1989年6月20日毎日新聞が伝えた見出しです。大和村では天目山栖雲寺の開祖、業海本浄が貞和4（1348）年に元（中国）からそばを持ち帰ったと推定。その歴史的背景を地域活性化につなげようとした大和村の思いは、現地に出向くとよく理解できます。何しろ急峻な山岳地帯。ゴルフ場やテニスコートなど、当時のリゾートブームに乗った開発は難しかったのでしょう。

天目山栖雲寺（てんもくさんせいうんじ）に建立された「蕎麦切り発祥の地」碑（甲州くらま石）。天目山栖雲寺は国の重要文化財、県指定有形文化財を多数保有する名刹で石庭は県指定名勝。山間の木賊（とくき）集落にある。
甲州市大和町木賊 122
JR 中央線　「甲斐大和駅」「塩山駅」からバス「栖雲寺」下車

四半世紀を経た現在の視点からみても、そばという食文化をテーマにしたところは地に足のついた見識です。そば栽培、そば作りをはじめ、甲州くらま石を使った碑の建立、周辺の多目的保安林を使って森林浴が楽しめる遊歩道の整備などの観光振興策が図られました。その後のそば切り文化継承の現実はなかなか厳しくもありそうですが、その資産が少なからず未来へ引き継がれてゆくことを願います。甲州市内でそばを味わうとき「そば切り発祥の地」を意識すると、先人の思いをいっそう深く感じるでしょう。

10　日本ワイン醸造発祥の地　甲州市・勝沼町

三浦えつ子

今さら申し上げるのも少々気が引けます。あまりにも当たり前すぎて。ぶどう生産日本一・勝沼は日本ワインのふるさと。ぶどう栽培、ワイン発達の国内で最も古い歴史を誇ります。ここでは醸造ワインにスポットをあてご紹介しましょう。

▼その昔から冠婚葬祭にぶどう酒

いうまでもなく勝沼は日本のワイン産業の中心地です。が、歴史をふり返ると「ワイン」という言葉、どうもしっくりきません。やはり「ぶどう酒」のほうがふさわしい気がします。「ワイン」という言葉が一般に普及するのは昭和30年頃からのこと。その昔から勝沼ではぶどう酒を冠婚葬祭に用いるのが習慣でした。それも、一升瓶入り。こうした伝統ともいえる習慣は、日本唯一ぶどう酒を日頃から用いる地元の誇りだったのでしょう。

日本の高度成長期、食生活の多様化とともに、「ワイン」が日常のものになったといわれます。東京オリンピック開催の年（昭和39年）、醸造界は湧き、ワインの新製品を続々と誕生させました。このとき「ワイン元年」という流行語が生まれたそうです。

もっとも勝沼では、それまで一世紀以上をかけてぶどう酒専業者たちが苦心と努力を重ねてワインを作り上げた歴史があります。「先々代は手塩にかけたワインをお茶代わりに出し合って飲み交わしていた」と、ある醸造家は感慨深げに語ります。お茶代わりに、というところ、ワイン好きとしてはいたく惹かれます（現在でも、山梨県内の酒販店では一升瓶入りのワインが流通しています。個人的好みですが、グラスに氷を入れ、そこにトクトクとワインを注ぎ、クイッといただく。至福です）。

▼勝沼の蘭方医・橋本伯寿と二人の留学生

ぶどう酒は日本へ、鉄砲とともにポルトガル貿易によってやってきました。これはよく知られるところです。キリスト教の宣教師たちがもってきたのは「チンタ酒」と呼ばれる赤ぶどう酒で、戦国時代から大名たちは飲んでいたようです。

徳川幕府の鎖国時代、勝沼でぶどう酒を試醸したのは蘭方医・橋本伯寿（市川大門町出身）。伯寿は漢方医でもあり、『断毒論』を著しました。長崎に学び、オランダの本からワインの醸造法を学び、ぶどうを絞ってワインを造ったといわれます。きっと、今日のものとは風味も異なるでしょう。「薬用的ぶどう酒」といえるかもしれません。

明治新政府の開化政策の基本は殖産興業。そうした政府の意をいち早くくみとり、ぶどうとワインに目をつけたのが時の県令・藤村紫朗です。明治10（1877）年、県立ぶどう酒醸造所を甲府城内に建設。当然、勝沼町でも気運は高まります。同年、日本初のワイン醸造会社「大日本山梨葡萄酒会社」が同町に設立されました。雨宮彦兵衛、土屋勝右衛門、宮崎市左衛門、内田作右衛門、雨宮広光ら地元の有志が中心で、県内の有力者の多くが株主として参加しました。

設立と同時に会社では、高野正誠（25歳）、土屋助次郎（19歳）の二人の青年をワインの本場フランスへ派遣。青年たちは本格的なワイン造りを学びました。二人が持ち帰った醸造技術によって、勝沼の日本のワイン造りは目覚ましい発展をみせ、今日に至ります。ぶどう栽培に適した土壌改良や多くの人々の熱意は勝沼の地で育まれ、「甲州ワイン」は国際コンクールでも高い評価を得ています。

高野、土屋、二人をモニュメントにした記念碑がある「ぶどうの丘」は1975年開設以来、人気の施設。二人を表わしたシンボルマークデザインは秀逸！　その謳い文句は「ここはまさに360度ぶどう畑に囲まれたぶどうとワインのサンクチュアリー」。春から秋にかけて訪れると、その表現に深くうなずいていただけるでしょう。

▼胸躍るトンネルワインカーヴ

ぶどうづくり１３００年、ワインづくり１３０年。勝沼町が誇る歴史は、そのまま日本のぶどう&ワインの歴史と重なります。勝沼町を歩くと、江戸期から明治期に造られた建造物があちこちに。ワイン醸造場、ワインセラー、石積みのぶどう冷蔵庫、砂防堰堤、レンガ積みのトンネルなど。

ワインの保存に力を注いだのが土屋龍憲（助次郎から改名）です。中央線の隧道建設技術を参考にして造った半地下式の日本初のワイン貯蔵庫は「龍憲セラー」と名付けられました。これらは近代産業遺産として保存されています。

また、現在でも特別なワイン愛好家から利用されているワインカーヴは世界に誇れる存在です。１９０３（明治36）年に建造されたレンガ積みの鉄道トンネル（約１１００ｍ）・ＪＲ旧深沢トンネルが「ワインの長期熟成庫」として整備され、現在、ワイナリーやレストラン、個人愛好家から広く活用されています。年間温度６～14度、湿度45～65％とワインの熟成には最適な環境が整っています。ここはすべて契約制。オーナー以外は基本的に入れませんが、トンネルカーヴの見学は可能です。向かい合う「大日影トンネル遊歩道」とともに、明治の鉄道遺産の恩恵を感じます。

※トンネルカーヴ内のユニットはすべて契約済みという人気ぶり（２０１４年現在）。数年待ちの愛好家もおられるそう。待つのも愉し、というところでしょうか。

勝沼トンネルワインカーヴ

大日影トンネル遊歩道

明治36年、中央本線にトンネルが開通したことにより、甲州街道沿いの町々と八王子、東京都の間の物流の所要時間は短縮され、ぶどうやワインの輸送量が爆発的に増加。平成9（1997）年、新大日影トンネルの開通によって閉鎖となったが、レンガ積みの深沢トンネルはワインカーヴとして、大日影トンネルは遊歩道として整備された。中央本線がワイン輸送に大きな影響を与え、地域に流通革命をもたらせたことを現在に伝えている。甲州市勝沼町深沢3602—1

第3章
地元民でも意外と知らない、実は「日本一」

1 山梨県人のアイデンティティ　富士山

三浦えつ子

▼マジ、ヤッペ、デッケ！　ヒュー、ヒュー！

仕事帰りで新宿から中央高速バス富士五湖便に乗車したときのこと。時刻は午前9時頃、西桂町を過ぎ富士吉田市に入る辺りで、視界はグ～ンと開けます。そこは、絶好の富士山ビュースポット。観光客であれば、多くの方はカメラを構えます。地元民の私には見慣れた光景で、特別の感慨はありません。

しかし、その日は違いました。私の左隣の女子（推定18～22歳くらい。スマホを離さない今どきの子。ちなみに富士急ハイランドで下車なさいました）が感嘆したようにつぶやいたのです。

「マジ、ヤッペ、デッケ！」　瞬間、「何言ってるんでしょ？？？？？」

このシーン、動画でお見せしたいほど。私は持ち合わせていない言語感覚。そのつぶやきの意味

富士吉田市から見た富士山（写真提供／富士吉田市）

を理解したのは、数秒後です。ジイ～ッと富士山を凝視する様子に、私はナルホド！と膝を打ちました。彼女は「大真面目に感じた。富士山はすごい大きさだ」と、いっていたのです。

別の日。同じく中央高速バスで午前10時頃に前述のスポットにさしかかった時です。アメリカ人ボーイズのグループ（日本でいえば、小学生くらい）が乗り合わせていました。「ヒュー、ヒュー」と叫ぶ声が上がったので、「洋の東西を問わず、ガキンチョはうるさいわぁ」なあんて思ったのですが、よくよく聞いていると「Huge! Huge!」といっていたのです。そう、「Huge ＝ 巨大」を意味しています。

共通項は「富士山は巨大」。美しいと形容されるのは当然の富士山。ですが、その前に、富士山は巨大なんです。山梨県側から仰ぎ見る富士山は「でっかい」のです。

▼世界標準を無視する北麓の地図

北麓に暮らす人のほとんどは地図をかくと富士山を起点にします。つまり本来は「北を上」にすべきところが、南にある「富士山を上」にかいてしまうのです。私的な地図はもちろん、商業ベースでも「富士山は上（南側）」。例えば、不動産関係、商店（大型店舗や個人商店まで。新聞折り込みチラシなどに記載された地図をみていると、やっぱりねぇ、と思います）。ほぼ間違いなく、絶対的といってもいいくらい富士山は上にあるのです。

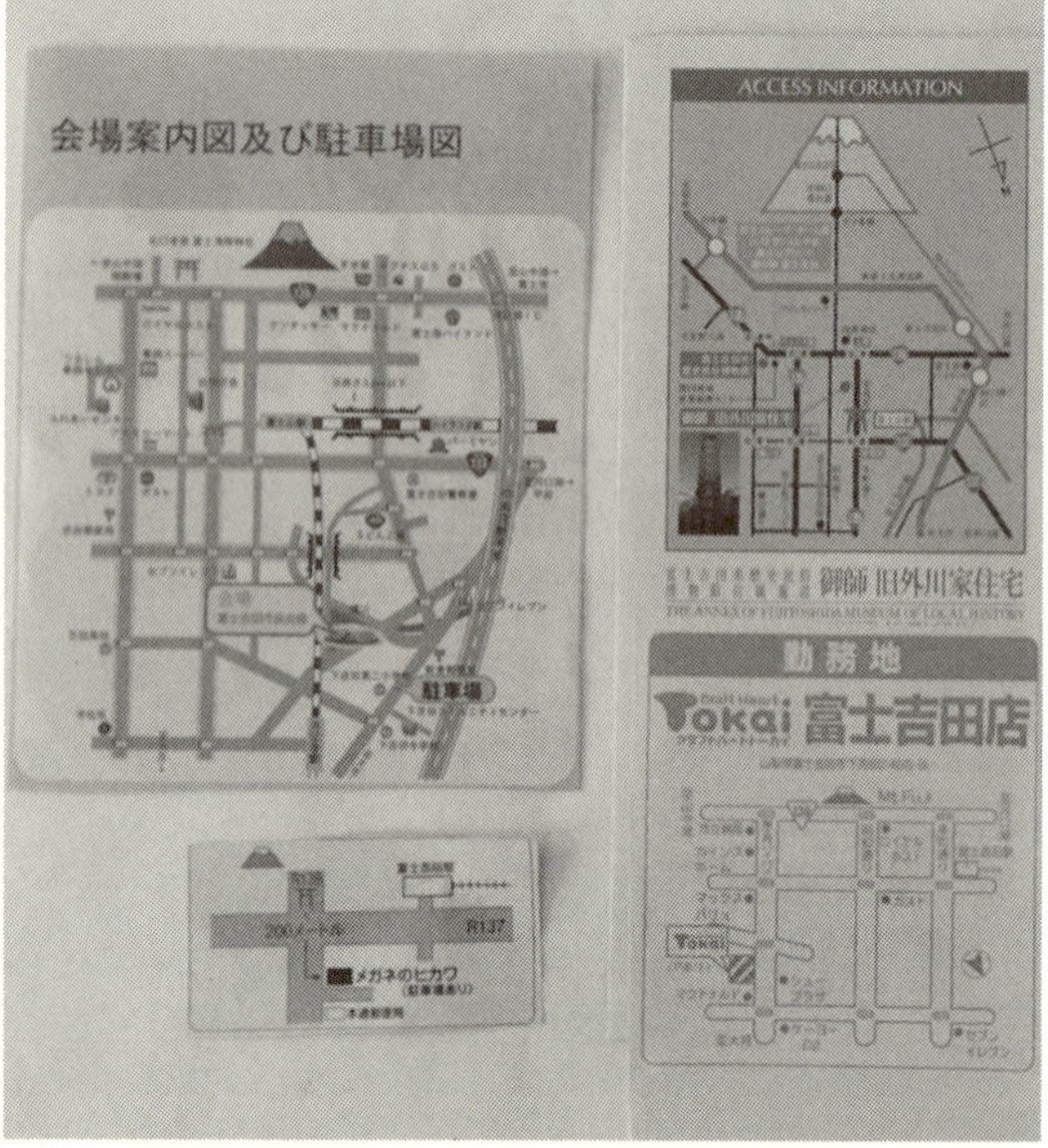

北麓では富士山は上

富士山を基点に考えるこの地域では、日常会話でも南の方向を表現するのに「富士山側」といいます。「富士山駅の富士山側の駐車場」なんて、他のエリアの人には意味不明な言い回しも珍しくはありません。

このネタ、初出ではありません。２００４年のこと（すでにひと昔前です）。社団法人富士五湖青年会議所の45周年記念事業の一環で実施された「富士五湖百へぇ～！」企画。富士五湖地域の再発見、再認識、まちづくりのネタを探すことを目的に、地域でほとんど知られていない情報や埋もれた観光資源、逸話・伝説など、思わず「へぇ～！」といってしまうスゴイ（でも小ネタ）を広く市民から公募し、その中から百の「へぇ～」を厳選し小冊子にまとめるというもの。

そこに私は応募しました。もちろん「富士五湖 百へぇ～！」ＢＯＯＫに収録されています。この冊子は私の愛読書？ 内容は10年を経ても色褪せることなく、ニヤリとさせてくれます。富士五湖青年会議所の皆さん、ありがとうございます！

▼富士山ファンならぜひともトライ！ 富士山検定

富士山検定の主催は「富士山検定実行委員会」。富士商工会議所、富士吉田商工会議所、静岡新聞社・静岡放送、山梨日日新聞社・山梨放送、ＮＰＯ法人富士山検定協会の５者。このご当地検定、これまで約1万7千人が受験したそうです。

実は２００９年、わが家でも若干1名（夫）が受験しました。数十年ぶりの受験勉強は思いがけない面白さがあったようで、連日のように「富士山の体積は？①」「高度が１００メートル上がるごとに気温は何度下がるか？②」「女性の登山が解禁されたのは何時代？③」「富士山頂に大日寺を建立したといわれている人は？④」「赤富士と紅富士の違いは？⑤」「六根清浄の意味は？⑥」なんて調子で、問いかけられたのです。

内心、「まったく！　うっとうしいわねぇ！」と思いつつも、答えられないのはシャクにさわる。こっそり、調べたものです（答えは後述いたしましょう）。

「富士山通の度合い」を認定するためには、自然・気象・歴史・文化など、富士山をあらゆる角度からとらえた総合的な知識が必要とされる、と紹介する『富士山検定 公式テキスト』（スキージャーナル発行・現在は在庫がないとか）は、読み物としても秀逸です。表紙は葛飾北斎描くところの『凱風快晴』、個人的趣味ですが、私の一番好きな浮世絵です。

この検定、後世まで続けていただきたいもの。実行委員会の皆さまのご健闘を祈ります。
①富士山の体積＝およそ1400立方キロメートル。琵琶湖の体積およそ27・5立方メートルの50杯分に相当。重さは1000億トンと推定されているそう。ねぇ〜、Huge! でしょう。
②高度100メートル上がるごとに気温はおよそ0・6度ずつ低下。富士山の気温の低さは、標高の高さが最も大きな要因だが、風による影響も受けているそう。
③1872（明治5）年に富士登山の女人禁制が解かれ、富士登山は山岳信仰者だけでなく、広く大衆に広まった。ちなみに富士講では女人禁制とされていたが、1832（天保3）年に高山たつという女性が男装して富士講行者とともに富士吉田口から登ったとか。1867（慶応3）年には英国公使・パークス夫妻が登山し、夫人は外国人女性初の登山者となったそう。
④平安時代末期に富士上人と呼ばれた末代上人が山頂に大日寺《だいにちじ》を建立したといわれています。

⑤赤富士＝雪のない季節の富士山を朝夕の光が赤く染めている状態。紅富士＝山頂付近に雪が積もる富士山を朝夕の光が赤く染めている状態。これが一般説です。

もともと山麓住民の日常会話で使われていたそうですが、定着するようになった経緯は絵画などの題材としての使用があったからとか。北斎の代表作「富嶽三十六景」の中の「凱風快晴」で初夏に吹くやわらかい南風（凱風）の中に赤色に染まった富士山の姿が描かれたことから「赤富士」が定着。「紅富士」の言葉が初めて使われたことを確認できるのは、富士山写真の第一人者・岡田紅陽の作品集だとか（富士北麓、忍野村には岡田紅陽写真美術館があります。ここで展示されている富士山写真、圧倒されます、懐かしさに胸が震えます。うっとり、そして、泣きます）。紅陽先生、生涯で10万枚以上の富士山写真を撮ったそう。１９３６年に発刊された「富士写真集」の中にある本栖湖に映る逆さ富士を撮した「湖畔の春」という作品が１０００円札の図柄の原案とされています。

⑥六根とは目、鼻、耳、舌、身、意という人間の知覚のこと。清浄とは六根から生じるさまざまな欲望を捨て、清らかになって富士登拝すること。富士講で登山する際には「六根清浄、お山は晴天」と唱え、「心身を清めてきました。お山が晴天でありますように」と山の神に祈りながら登るそうです。

▼「うちから見える富士山がイチバン！」

学者先生にとって富士山は魅力的な研究テーマ。お膝元の富士山麓にはたくさんの研究者が定住されたり、訪問されたり。一般市民を対象とした公開講座なども多数開催されています。興味はあっても都合がつかずなかなか受講できないのですが、2013年はいくつかの講座に参加できました。

その中でとても印象的だったのがアメリカ人研究者、アンドリュー・バーンスタイン氏（覚えやすい名前です。ルイス&クラーク大学、史学科、准教授）による富士山トーク「歴史から読み解く日本のシンボル『富士山』とは何か」。日本語での講演でした。本国で日本の近・現代史を教えるだけあって、含蓄ある富士山論を展開してくださいました。国家、文化・宗教、芸術、自然の視点から社会的な役割まで。日本の核ともいえる富士山のこと、愛してくださってありがとう！という思いでいっぱいになりました。

その先生に、質問したのです、私。「どこから見た富士山がきれいだと思われますか?」と。「どこから見ても、富士山はそれぞれの美しさがあります。こういう山は非常に珍しいですね」とのお返事。う〜ん、ここでも偏狭な心を見透かされてしまった、と気恥ずかしくなるのでした（だって、目前に雄大な富士山を拝める富士河口湖町にある会場での講演でしたもの。当然、北側からの富士山が好き！というリップサービスを期待しての質問でしたから）。

まぁ、それはそれです。私が個人的ネットワークで収集したアンケートでは、ご当地自慢の№1は断然山梨から見た富士山。それも、「うちから見える富士山は日本一」という回答者がほとんどなのです。建物が邪魔して半分しか見えなくても、近すぎてすそ野が見えなくても、少しでも富士山が見えたなら「うちのお山」なのですね。これ、富士山北麓エリアだけじゃありません。例えば、甲府市在住の方の場合、多くは手前に御坂山系があり富士山は頭をちょっと見せているだけ。でも（私が聞いた限りの）ほとんどの人たちは、うちから見える富士山がイチバン！　と答えます。まず、間違いありません。

アッ！　これ「美しい」かどうかの問題ではありません。愛好するという意味なのですね。

▼安全な登山の歴史・伝統を守り継ぐ「お山開き」&「お山じまいの火祭」

6月30日、吉田口登山道の起点・北口本宮富士浅間神社では7月1日のお山開きを前に、開山前夜祭が行なわれます。信仰を原点とする登山の歴史と伝統を守り継ぐため、白装束をまとった富士講行者パレードや、安全を守る神事やカヤの輪をくぐって身を清める「茅《ち》の輪くぐり」、本殿西の鳥居の縄を手力男命《たぢからおとこのみこと》が木づちで断ち切る「お道開き」をして、登山道を開きます。

このお山開きに合わせて開催されるのが、「富士まで歩《あ》る講《こう》」企画。富士信仰が育んだ歴史の道「富士道」。その旧街道の起点・江戸日本橋から富士山吉田口登山道の起点・北口本宮富士浅間神社を目ざし、120キロを5日間かけて歩き通すイベント。雨の中を歩くことも珍しくないそうです

吉田の火祭の松明（写真提供／富士吉田市）

が、途中で歴史的な文化遺産を学びながらの行程の中で、江戸期の富士講行者（後述します）の思いを実感するそう。

私、足腰が丈夫なうちに参加したいもの、と思っています。

さて、お山じまいといえば、「吉田の火祭」。毎年8月26日・27日に富士吉田市の上吉田地区で行なわれ、北口本宮冨士浅間神社と境内の諏訪神社は神聖な空気に包まれます。日本三奇祭のひとつで、防災、安産、産業の神である木花開耶姫《このはなさくやひめ》が猛火の中で無事出産したという故事に基づいています。また、諏訪神社の神さまである建御名方神《たてみなかたのかみ》を地元の人々が手にたいまつを持って迎えたことから、火を燃やすお祭りをするという伝説も残されています。

この火祭はとても神聖なもので、いっさいのケガレを取り除いて行なわれます。上吉田地区では「ブク」には特に注意します。ブクとは、家族や近親者が亡くなる不幸があったときにかかるケガレです。これがあると火祭にかかわることができないだけでなく、たいまつの火や御輿を見てもいけないとされています。ブクがあった家では、戸を閉めてジッとしているか、上吉田から離れてよそへ出かけます。家の中でおとなしく過ごすことを「くいこみ（悔やみ込み）」といい、よそへ出かけることを「手間に出る」といい、現在でも厳しく守られています。

これらの行ないは、すべて富士山に対する敬意のあらわれです。どうです！　われらがお山への深い敬意や見識の高さ、素晴らしいでしょう。

▼「富士講行者」をお世話した「御師」

「富士講」について紹介しましょう。これは富士を信仰し富士登山をする団体のことで「浅間講《せんげんこう》」とも呼ばれ、全国にわたっていました。その中で、北口（吉田口）登山道を目ざしてくるのは江戸を中心とした関東一円の人々でした。

富士講は江戸前期の山岳修行者・角行《かくぎょう》によって基礎が築かれ、その後弟子の食行《じきぎょう》を中興の祖として爆発的に広まったといわれます。数人から百人を超える大団体まで多様な集団だったそうです。当時、富士山信仰は庶民にまで広がり「江戸は広くて八百八町、八百八町に八百八講」と呼ばれるほど、数多くの講が組織されたといいます。

富士講の活動は、定期的に信者宅に集って教典を唱和し、祭壇を作って護摩《ごま》（線香は富士山の形

御師　旧外川家住宅（写真提供／富士吉田市）

にしつらえたそう）を焚いて祈ったとか。それが終わると、「直会《なおらい》」と呼ばれる食事会をして解散。夏にはくじ引きなどで代表者を決め、費用を調達し合って富士登山を行なったそうです。

次は、「御師《おし》」ついて。

富士講で登拝する人々に宿を提供し、登山のためのさまざまなお世話をする人たちのことを「御師」といいます。

「御祈禱《きとう》師」を略した言葉で、平安時代中期に寺院で用いられたのが始まりで、後に神社で祈禱する神職のことも御師と呼ぶようになったとか。富士山の御師は宿の主人としての役割よりも、富士登山をする信者の道案内をすることが大切で、信者の人たちが無事に富士登山できるよう、一緒に厳しい状況を乗り越えるための先達の役割も果たしていたといわれます。宿坊には、広間に浅間大菩薩を祀る祭壇が置かれ、富士登山時の宗教的な準備をする特別な宿でした。

秋冬の登山期以外、御師たちは関東一円の富士講信者たちの家々を回り、旅をしながら富士講の普及に努めたとのこと。こうした御師の家は、江戸時代初期から明治のはじめ頃まで、富士吉田市上吉田地区にはおよそ80軒ほどあり、最盛期には100軒を数えるほどだったそうです。

現在の富士吉田市上吉田地区には、江戸の面影を残す「御師まち」の風情が残っています。富士吉田市歴史民俗博物館エリア内には御師住宅（小佐野家復元住宅、旧宮下家住宅、旧武藤家住宅の3棟）が復元・公開されています。

また、同博物館の付属施設として2004（平成16）年に修復され国の重要文化財に指定された「御師　旧外川家住宅」は一般公開され、往事をしのばせています。主屋と裏屋敷の2棟から構成されていて、奥行きのある細長い形状の屋敷です。中門を潜ると、川（水路）が流れていて「ヤーナ川（間の川）」と呼ばれています。ここには、屋敷地の段差を利用した小さな滝が造られ、富士講信者が到着や出発の際に水垢離《みずごり》を行なう禊場《みそぎば》となっていたとか。

2013（平成25）年に富士山が世界文化遺産登録に登録され、この「御師まち」を訪れる人の数は確実に増えています。その昔、富士登山は人生をかけた一大イベントだったのです。そんな思いを実感していただけるでしょう。富士吉田市民の私がおすすめするエリアです。

2　高い文化度&民度　公立図書館数・保健師数・老人福祉センター数　日本一

三浦えつ子

▼よき時代のなごりか、山梨県の図書館数

人口に対して図書館の多い都道府県ランキングで第1位の山梨県！（2008年公表データ）。人口100万人当たりの図書館数59・7館、ちょっと前のデータですが、この種のデータは毎年とるものではありませんので、なにとぞご了承ください。

このデータに接した最初の感想。「でしょ、でしょ。山梨県って、意外と文化度が高いかも」と。しかし、これはやはり、山梨県民の身びいきか。そこで、よぉくチェックすると、大阪府、愛知県、神奈川県といった大都市を持つ地域が下位、とくに神奈川県は9・3館で10館に満たない。神奈川県より山梨県のほうが文化度が高い、とはいくらなんでも図々しいかもしれません。

このランキングは一般の利用に応えることを目的とした「公共図書館」を対象として（もちろん、

図書館数

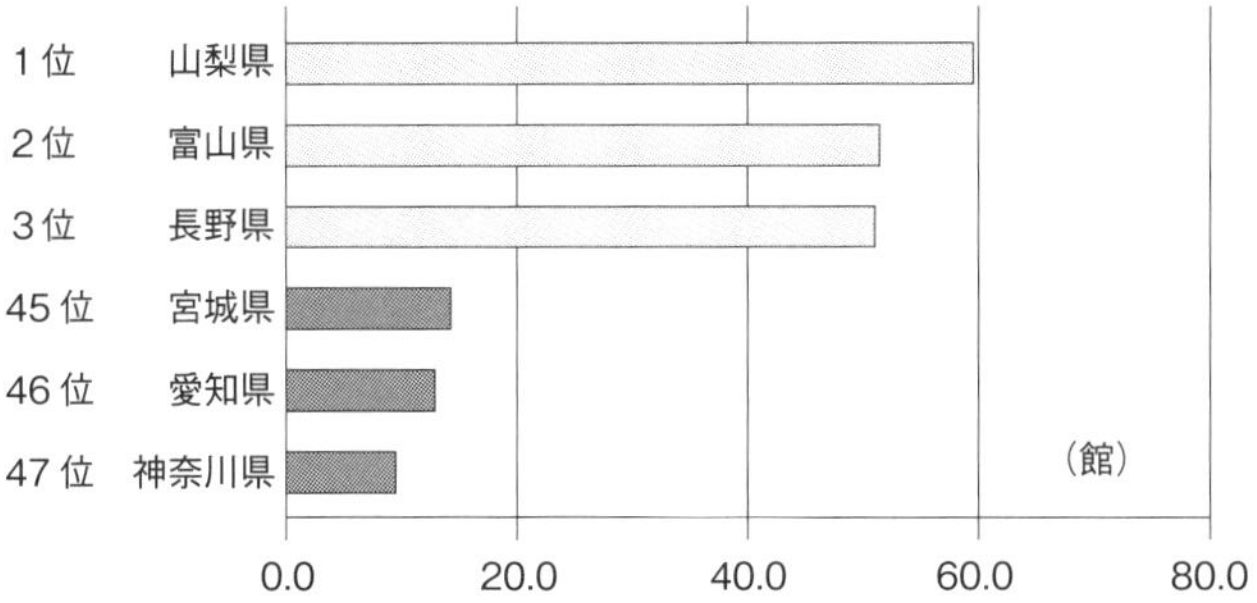

統計で見る都道府県のすがた2013（総務省統計局）

国立図書館は含めていない）、分館も1館として含めて計上しているとのこと。

平成の大合併以前、旧自治体にあった図書館が分館として残っていて、それが図書館数を増やしているようで……う〜ん、なるほど。地方財政が逼迫する前（予算潤沢なりし頃）のデータが反映されているというわけなのです。文化度とはあまり関係ないのかもしれません！　が、その後、日本各地に図書館が増えているわけもありません。山梨の図書館数（人口比）日本一は揺るがないのです。

▼景観抜群！　快適な富士吉田市立図書館

ごくごく個人的見解ですが、都内から富士吉田に移転し、私は初めて「快適な図書館に出会った」と感じました。まず、その立地。目前に雄大な富士山。県外に暮らす知人友人を案内すると、皆、「素晴らしい、きれい、いいわぁ〜」と、絶賛するほど。これ、蔵書の数や検索のしやすさではなく、その景観に対する感想です。念のため。

そして、比較的すいている（あくまでも、都内の図書館とのアバウトな比較）。新刊本なども早めに借用できる（これも、都内との比較）。さらに、図書館スタッフが親切。事務的ではなく、ていねいに対応してくれる。小さな町ゆえの共同体意識が残っているからか。つまり、ヘンな対応したら、どこのうちの人間かすぐわかってしまう、なんてこともあるかもしれません。皆さん、実に真面目な仕事ぶりです。

ついでに、自慢。富士山の北麓エリアの公立図書館はいずれも、景観、内容ともに充実。富士河口湖町の「生涯学習館（併設・子ども未来創造館）」、忍野村の「おしの図書館」、山中湖村の「山中湖情報創造館」、図書閲覧もできる山梨県立富士山科学研究所など、雄大な自然環境の中で知的好奇心を刺激されること間違いなし。このエリアは全国有数の観光地（避暑地であり温泉地）。日本国内はもちろん世界各地からの皆さま、ぜひ、図書館へお寄りくださいな、と大真面目におすすめします。

デジタル化が進んだ現在、自宅のパソコンや移動中の携帯端末から図書館内の情報を得ることもできます。ちょっと前までの夢の世界がリアルになりつつあります。そしたら図書館に足を運ぶ人はいなくなるのでは？　建物は消えてしまい、見えないコンピュータサーバーに取って代わられるのではないか。インターネットが普及し始めた頃に盛んに議論されました。でも、図書館の利用者数は全国的に見ても増加傾向にあるといいます。

町の図書館は地域の人が集まるコミュニティとしての役割を果たしています。居心地のいい空間。

保健師数ランキングデータ

順位	都道府県	総数	人口10万人あたり
1	山梨県	527人	60.47人
2	島根県	430人	58.65人
3	長野県	1,271人	58.39人
45	埼玉県	1,616人	22.87人
46	大阪府	1,807人	20.84人
47	神奈川県	1,825人	20.74人
	全国	43,446人	34.19人

人口10万人当たり (2008)　厚生労働省の衛生行政報告より

ちなみに富士吉田市立図書館で行なっている「このはなさくや　おはなしかい」(図書館員とボランティアで構成された読み聞かせの会／「このはなさくや」は富士山の女神・木花開耶姫に由来) をのぞくと、大型絵本や紙芝居、手遊びなどに歓声をあげる子どもたちがいっぱい。デジタル空間では得られない満足感がそこにはあります。

▼保健師数&老人福祉センター数日本一

――県民の健康に行き届いた目配り?

厚生労働省・衛生行政報告例から、保健師数ランキングでの就業保健師数比較によると、人口10万人あたりで最も多いのは山梨県で60・47人。以下、島根県、長野県、福井県と地方が上位を占めています。その一方で、最も少ないのは神奈川県で20・74人。この他、大阪府や埼玉県、東京都など都市部で保健師が少ないのです。

つまり、3大都市圏を筆頭に、都市部で保健師が少なく地方で多いというのが現実です。ある分析では、人口集中度、

老人福祉センター数

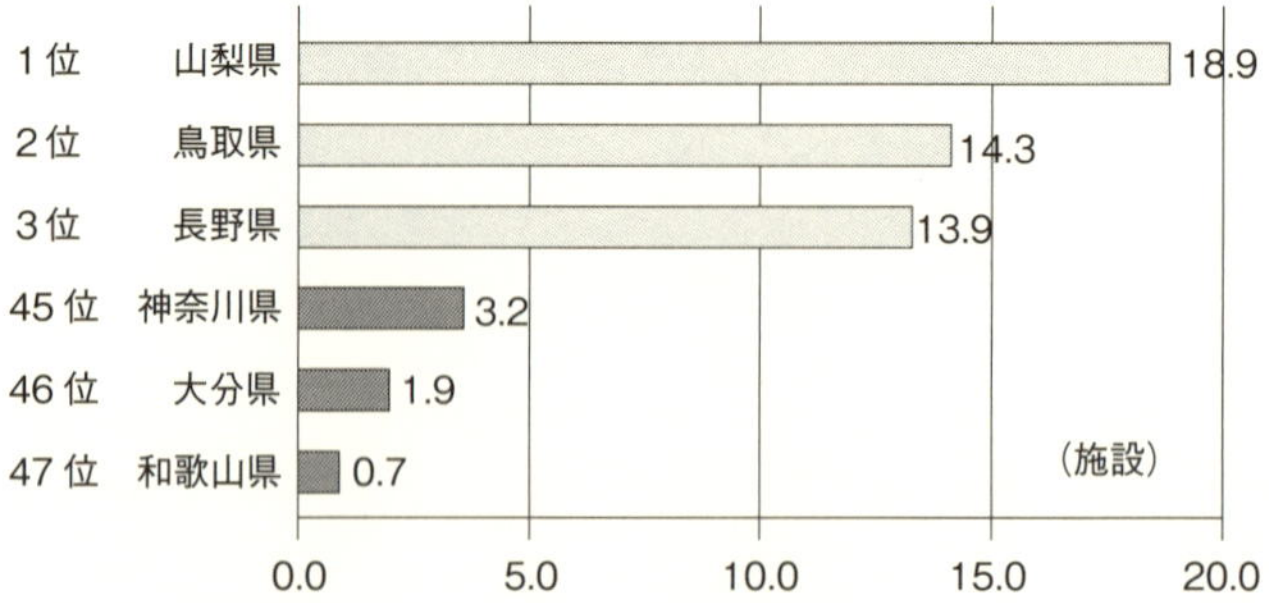

統計で見る都道府県のすがた 2013（総務省統計局）

通勤時間、家賃、などとの相関関係が高い。ということは、山梨は人口密度が低く、通勤時間は短く、家賃が安いって。いいじゃないですか。保健師さんが多いのは住民の健康に目配りできるということ。大歓迎です。

また、老人福祉センター数（65歳以上10万人当たり／23・8箇所）でも、山梨県は日本一。保健師数と同様ですが、県民の福祉・社会保障の意識が高いといえるでしょう。山梨県のホームページ（やまなしキッズタウン）でも保健師数日本一を自慢していて、誠に微笑ましいです。

3　ネクタイ、洋傘地、生産量日本一

三浦えつ子

▼国産ネクタイの約４割は郡内地域で生産されている

東部・郡内エリア（富士吉田市、西桂町、都留市、大月市、上野原市）は、全国有数の織物産地。江戸時代から「郡内織物（甲州織ともいわれる）」として隆盛を誇り、現在では、ネクタイ、ストール、洋傘、座布団や寝具、インテリア雑貨などさまざまな高級生地や製品を生産しています。

そのほとんどは生産量日本一なのですが、全国的には知名度が低いような気がします。有名ブランドのOEM生産（他社ブランドの請負生産）が中心ということもあって、生地生産者の名前が表に出ないからかもしれません。国産ネクタイの約４割は郡内地域で生産されている。この事実。地元民でも案外知らないのです。ハイ、これ数年前の私です。

生地生産量が多いといっても、それは業界人のみが興味をもつ話でしょう。でも身近なネクタイの生産日本一には心惹かれました。以来ずっと「山梨ネクタイ」を他県の知人・友人に話し、サポーターになった気分で勝手にひとり広報活動展開中。世はクール・ビズ全盛時代、ノータイの時流を半ば恨みつつ……。そして、織物全般を意識するようになったのです。

私がたびたび出向く地元の富士吉田市歴史民俗博物館には、地域をささえた産業としての郡内織物の歴史・暮らし・生産工程などがコンパクトながらわかりやすく展示されていて、江戸、明治、昭和とそれぞれの時代へタイムスリップできます。皆さま、ぜひ、お運びを。当然ながら富士吉田市を中心とした記録です。郡内エリア・他の地域の皆さまゴメンナサイ！　この項、完璧に依怙贔屓です。

▼厳しい気候風土が育てた機織り

「富士山の火山灰土や高冷地という厳しい環境の中で、私たちの祖先は農業を補う手段として、織物製造――機織りを始めました。小さな副業は努力の歴史を積み重ね、のちには当地の主要な産業として大きく発展しました。機の音を聞きながら生まれ育ってきた私たちにとって、機織りは生活そのものといってよいでしょう」（富士吉田市歴史民俗博物館・展示解説より）。この文章からも、郡内地方と機織りの密接な関係がわかります。

以下、同展示解説を参考に郡内織物の歴史をダイジェストして紹介いたしましょう。

江戸時代の機織り

郡内地方において機織りが記録に現われるのは江戸時代初期です。年貢納入のための換金物としても使われていました。以後この地域を治めていた領主の秋元氏によって奨励され、飛躍的に発展。江戸時代の市域の村々では、養蚕による繭をもとに絹や紬が織られていました。江戸中期になると自家養蚕の他に、よそからも繭や生糸を買って絹を生産するほどの産業に成長しました。江戸末期には、市域の約7割ほどの家が絹織物業に従事し、織機所有台数は平均1・5台で生産量も多くなり、当時盛んに織り出されていたことがわかります。機織りは村々の大きな収入源となっていました。

郡内絹と「かいき」

江戸期の郡内絹には「郡内嶋《ぐんないじま》」「白郡内《しろぐんない》」「郡内太織《ぐんないふとり》」「織色郡内《おりいろぐんない》」「郡内平《ぐんないひら》」などの種類が記録に残されています。その中で「織色郡内」は「郡内海気ともいう」とあります。これが一般に「かいき」とよばれていた織物のようです。かいきは海気・改機・加伊岐などと書かれましたが、海気の字が最も多く用いられ、明治になると「甲斐絹」の字があてられるようになりました。

かつて日常生活の中で、甲斐絹を裏地に用いた着物や羽織は高級とされ、よい質草になったとか。最後に織られたのは昭和10~20年代のこと。羽織などの和服が日常的に使われていた時代の終焉とともに姿を消した甲斐絹ですが、その伝統技術は平成の郡内織物に引き継がれています。

明治・大正期の機織り

市域の織物業が本格的に発展を遂げたのは明治・大正期になってからです。江戸時代に家内副業的な規模で出発した郡内織物は、明治から大正にかけての電力織機の導入という設備の充実によって、大量生産が可能となったのです。そして製品も旧来の和装物に加え、新しい時代の需要に応じて、洋傘地・服裏地・紬裏地などの洋装物を広く扱い生産額を伸ばしていきました。

戦前から戦後への機織り

戦前から戦後の一時期、織物業は国家の統制を受けて生産が落ち込みますが、戦後の復興特需によるガチャマン（機をガチャンと織ると1万円になるといわれていた）の時代から、昭和30年代の高度経済成長の中でさらに発展をとげます。昭和初期から下吉田地区の一角に織物市（通称「絹屋町」）が立ちました。絹屋町の市は一と六の日に開かれ、この日には市内外の機業の主人が織物を持ち寄り、東京、名古屋、大阪などに本社のある繊維問屋も集まり大きな賑わいをみせました。

なお、別項で紹介した「徐福伝説」（56頁）が残る富士吉田市を中心とした富士山の北麓には、紀元前219年、秦の始皇帝の家来・徐福が織物の技術を伝えたとされ、それが富士吉田織物「甲州織」の起源だとする伝説があります。

▼世界へ飛翔する「ふじやま織」

羽織などの和服が日常的に使われていた時代の終焉、戦後の洋式生活への変化によって途絶えた甲斐絹ですが、その伝統技術は「平成の郡内織物」に引き継がれています。

富士山の麓で育まれた郡内織物、現在は統一ブランド「ふじやま織（FUJIYAMA TEXTILE）」として世界へ羽ばたこうとしています。「糸から製品加工最終仕上げや製品流通業者まで、繊維産業に必要なすべてのラインが揃っているのが富士吉田」と地元商工会議所のスタッフは胸を張ります。

特徴をたずねると「大きく次の4つ、『先染め』『細番手』『高密度』『多品種』ですね。『先染め』は、先に糸を染めてから織る方法。ジャガード織では異なる色彩の糸が鮮やかな柄を表現します。絹、キュプラ、ポリエステルを代表とする長繊維の『細番手』を得意としています。最も細いものでは約20デニールという糸で繊細な生地を織り上げます。『高密度』。細番手の糸を高密度に織った、きめの細かい生地作りを得意としています。裏地や傘地などの薄物のほか、ネクタイやカーテンなどが代表的です。そして『多品種』。甲斐絹時代から培われた高い技術と小回りのきく生産体制を生かし、多様なアイテムを小ロットで対応生産しています」。このように業界独特用語を交えて熱く説明してくれます。

つまり、「ふじやま織」は今日的消費者ニーズにきめ細やかに対応できる上質織物・製品なのです。富士山の湧水で清められた糸、これも地域の大いなる自慢です。

▼「ヤマナシハタオリトラベル」の試み

機織り《ハタオリ》のまちとして歴史を刻んできた郡内地方には、現在でも織機の音が響きます。「ヤマナシハタオリトラベル」は富士吉田市、西桂町でハタをオリ、生業とするクリエーターたちの集団。

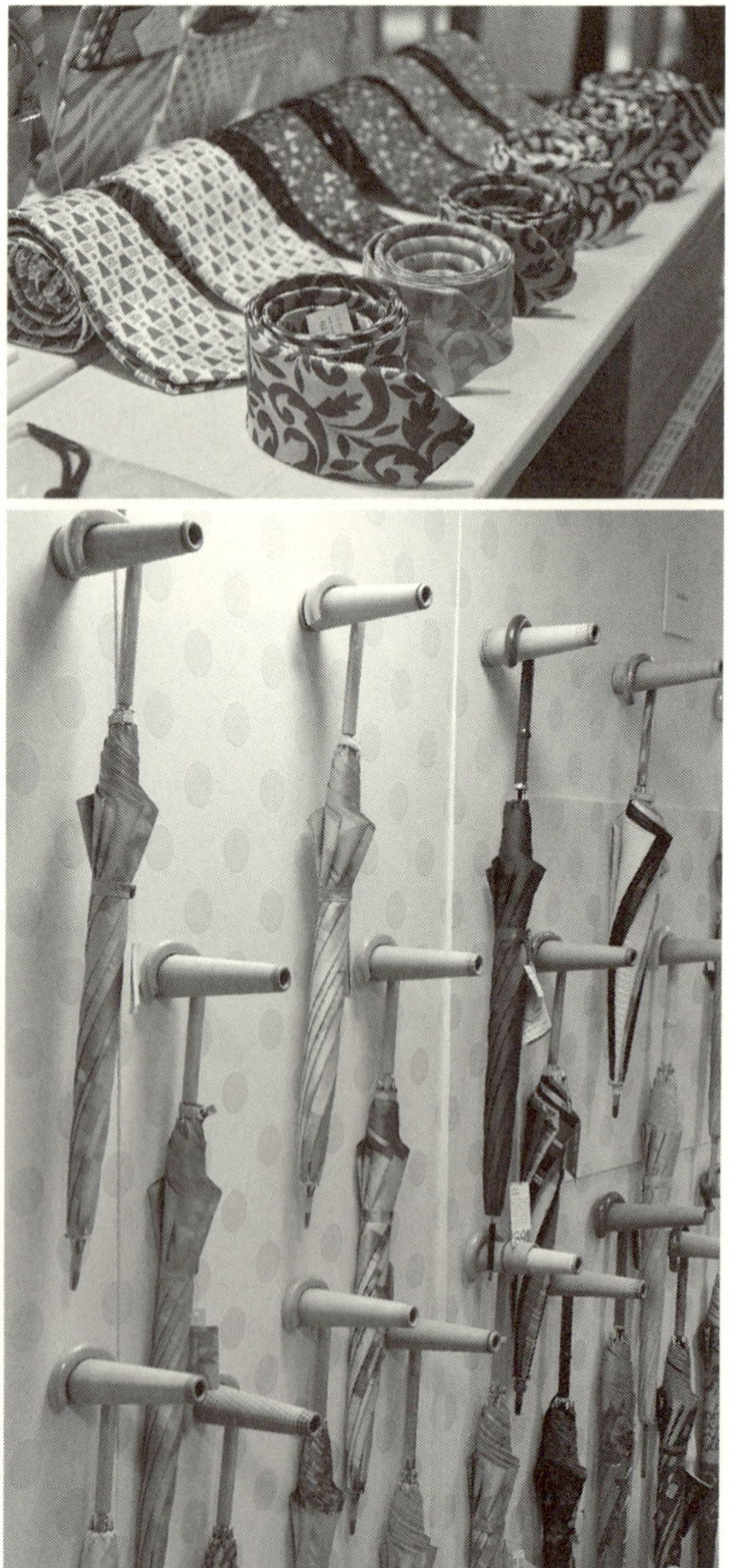

郡内地方で生産されるネクタイ（上）、傘地を使った洋傘
（写真提供／山梨県富士工業技術センター）

2012年秋、ecute（エキュート）立川での期間限定ショップに、上質なシルク・リネンなどの自然素材ストール、ネクタイ、生活雑貨などの自作品を、自らが売り場に出て展示販売したことで大きな話題を提供しました。

テーマは「富士のふもと、スロープロダクツに出会う旅」。この企画、何とも心躍る空間演出やディスプレイ、商品カードなども小粋、グラフィカルで、細部まで制作者たちの心意気と熱意が感じられました。私個人としては、機能と高いデザイン性を兼ね備えた糸繰り機が魅力的。会場でも人気のようでした。プロデュースから消費者に届くまでの工程を、面白がって楽しんでいるよう。この企画以降、新宿伊勢丹（日本の手仕事展）や銀座三越（富士から生まれた新みやげ）などにも出店しています。

大消費地へ出店しヤマナシハタオリの認知度を高める一方で、リアルトラベル企画も実施されています。これは山梨県富士工業技術センターがプロデュース。世界文化遺産・富士山のふもとで産地に出会うツアー。繊維やファッションビジネスにかかわるその道のプロを対象とした企画です。

ちなみに、1905年設立の山梨県富士工業技術センター繊維部の公式ブログ「シケンジョテキ」は公的機関とは思えない（シツレイ！）、素晴らしく楽しいサイトです。また、同センターが企画・制作する「甲斐絹ミュージアム」はうっとりするほどの秀逸のサイト、ぜひご覧いただきたいです。

※甲斐絹ミュージアム　http://www.pref.yamanashi.jp/kaiki/

4　高低差日本一、過酷な過酷な山岳レース「富士登山競走」

三浦えつ子

「富士を制す21㎞　標高差３０００ｍ、気温差21℃、完走率約50％〜ここには、過酷に挑む価値がある」

富士吉田市で開催される歴史ある山岳レース「富士登山競走」のキャッチフレーズです。

クー、凄過ぎー！　キツイなんてレベルを超えているでしょう。参戦するのは、超人としか思えないです。富士登山＋競走ですよ。信じられません！　運動音痴、身体能力に乏しい私には。

▼「超人」が挑むレース　何がそうさせるのか？

ゆっくりと時間をかけて登ってもハードな富士山に、下界（富士吉田市役所前）から山頂まで、2時間台で到達するって、人間じゃないでしょ。ほとんど神技！　ちなみに、２０１３年7月26日に開催された第66回大会の記録は、男子は松本大さん（29）２時間49分40秒、女子は米国出身のリーア・ドルティーさん（28）3時間23分47秒（ともに山頂まで）。

富士吉田市民なので、当然「富士登山競走」の存在は知っていました。世の中には酔狂な人（これ、私としてはかなりの褒め言葉です）がいるものだ、とずっと思っていました。

富士吉田市内の高校に通っていた頃、毎年の恒例「富士登山競歩」がありました。記憶では、男子は五合目まで、女子は三合目まで。検問所がいくつかあって、制限時間もありました（早歩きを交えても充分に間に合うように設定されていたので、何とか《競歩》しました）。

翌日から3日間くらいは筋肉痛に悩まされたものです（体育会系の友人に話すと、笑われるネタです）。今となっては、良き思い出と、無理矢理自分を納得させてます。

他校でも同様の催しはあり、富士山やその周辺を走ったり歩いたり。こうして、地元っ子たちには「われらがお山」を誇らしく思う心が育まれていくのでしょう（ような気がします）。

さて、そんな運動音痴の私がなぜに「富士登山競走」ファンになったか。ちょっと、お付き合いください。

▼レースに参加している気分になれる「ランナーズＩＮＮ」

富士登山競走は国内だけでなく世界各国からランナーが参加する世界的な山岳レース。選手と市民との交流を目的に毎年実施されているのが「ランナーズＩＮＮ」です。

一世帯あたり、1～2人の選手を受け入れて、食事、入浴、送迎などをお世話します。受け入れ人数については住宅事情や要望によってさまざま。選手は3000円を受け入れ家庭に支払う決まりです。

わが家で初めて選手を受け入れたのは2006年でした。富士登山競走だけでなく、世界各地からのホームステイを受け入れている友人に頼まれた、というのがきっかけ（それまで、この企画を知りませんでした。自ら志願したわけではありません）。

友人いわく、「気さくで、ごはんの支度が苦にならない人なら、選手を受け入れると、思いがけない楽しみがあるよ〜！」

出張仕事の予定もないし、「超人」とお喋りもしたいし、ま、いいかっ！と、これまたお気楽に受け入れを決めました。

富士登山競走実行委員会事務局の皆さんは、毎年選手受け入れのための打ち合わせ会を実施しています。ていねいな説明（富士登山競走の概要、選手に提供する食事内容などの紹介）の後に、ランナーズINN経験者からいろいろなエピソードが紹介されます。

中には気むずかしいランナーと遭遇し、やりとりだけで疲れた方もおられたようですが、ほとんどの家庭は選手との交流を楽しまれたようです。そんなお宅にとっては、このランナーズINNは恒例のイベント・年間行事になっている様子です。話をうかがって、面白く楽しめそうと、期待も高まりました。

せっかくの機会です。富士北麓産の高原野菜をふんだんに使いたい、郷土食を振る舞いたい、ホテルや旅館とは違った家庭の味を供したいなどなど、「クライマーでもあるランナーのための献立」を考えるのは、心愉しい時間でした。

その年は2人の男子選手（ともに30歳代）がわが家にステイ。国内の有名なマラソン大会の多くにエントリーし、山岳レースの経験もあるという方々です。もちろん、富士登山競走参戦も初めてではありません。

われらがお山を駆け登ってくれる方々です。たっぷり召し上がっていただきましょう。

当日の夕食のメニュー記録を繰ってみると、

●手こねピザ（富士吉田産味噌＋マヨネーズをブレンドしたソース、トッピングはミニトマト、じゃがいも、ウインナーソーセージ）●3色ナムル（にんじん、もやし、ピーマン）●ヤーコンのきんぴら（ヤーコンはアンデス原産のいも。近年は富士五湖地方特産で、じゃがいもと梨の中間のような独特の食感が楽しめる）●八海豆腐の冷や奴（富士山の湧水・忍野八海近くのお豆腐屋さんが作ったもの）●お山開き煮（7月1日のお山開きに作る新じゃがとひじきの煮もの……海の幸・山の幸を煮合わせ、登山の安全と無病息災を祈願する、富士吉田の伝統おかず）●地鶏手羽と椎茸の黒酢煮　●野菜たっぷりほうとう

ハイ、しっかり食べてくれました。作りがいがあるってものです。少しのアルコールは緊張感をほぐすとかで、ビールも少しじゃなくて、たっぷり飲んでました。

それぞれ自分の仕事や家庭のこと、これまで参戦した有名レースの印象（ほとんど名解説者のよ

うな話しぶり）、日頃のトレーニング、レースに参戦するための時間や経済的なやりくり、あこがれの選手、失敗談なども交えて、2人とも語る語る。

ここにすべてを再現できないのがもどかしいほど。それはそれは爽やかトークなのでした。これが、自慢話だったら、思いっきり引いたでしょう。いつまでも喋っていて、思わず「明日のことを考えて、そろそろお休みにならないと、ね」なんて、忠告したのでした（まるで、母のよう）。

この日以来、私は富士登山競走の大ファンになりました。

翌朝、レース当日。朝食はごはんをたっぷり用意（5合炊いた記憶あり）。焼き魚、厚焼き卵、焼きのり、木の芽（山椒）煮、キャベツの浅漬け、新じゃがといんげんの地味噌汁。これまた、ふたりともしっかりと食べるのです。そんなにいっぱい食べても、登山競走中には空腹になるそうです。主催者は途中何カ所もエイドステーションを設け、飲料はもちろん、軽食を提供しています。

頑張って！と激励し、選手を送り出してからも楽しみは続きます。時間を見はからってコース沿道に立ち、駆け上がってくる数千名の選手を応援。富士山のカブリモノやアニメキャラクターのコスプレをした選手がたくさんいて、観戦者を盛り上げます。この方々が完走するとは思えませんが、それはそれ。レースにムードメーカーは必要です。

いまや家族のような感覚になった選手を見つけたときには、声がかれるほど大声で叫びました。ちょっと涙ぐんだりして。何にもしていないのに、まるで自分が参戦しているような感覚です。

ありがたい！　ありがたい！と富士山の神さまコノハナサクヤ姫に皆さんの無事完走を祈ります。

レースの様子（写真提供／富士登山競争実行委員会）

その後「制限時間ギリギリでしたけど、完走しました」と連絡を受けたときの感激！　胸の辺りがホワーンと温かくなって、またウルウル。全然走ってないのに！

そんなこんなで、大いに楽しませていただきました。このとき以来、２００７年、２００９年とランナーを迎えました。

ここ数年、日程が合わずに（出張仕事と重なって残念ながら）ランナーズＩＮＮを見送っていますが、レース当日に地元にいたならば、もちろん沿道に立ちます。

これまでわが家にステイしたランナーの中には、ゼッケンナンバーを知らせてくれる方もおられます。そんなときは小さな工作。ダンボールにナンバーを大きく目立つように書き、振り回します。とても平常心ではいられません！　ランナーはその応援には必ず気付いてくれます。お互い大いに盛り上がり。

翌年に期待が膨らみます。

▼「超人」はさらりと言ってのける　「次はどこを走ろうか」

第1回大会の開催は1948年。標高770mの富士吉田市役所前がスタート地点で、山頂までのコース（吉田口登山道を経て山頂に至る21㎞、標高差約3000m、制限時間4時間30分）と五合目までのコース（吉田口登山道を経て五合目に至る15㎞、標高差1480m、制限時間3時間30分）とがあり、それぞれ男女の部に分かれています（女子の部は第38回大会から）。

第66回大会の実施は2013年7月26日。富士山が世界文化遺産に登録された祝賀ムードの中で開催されました。当日参加したランナーによれば、「時折晴れ間が見えて、絶好のレース日和だった」と。3968人が五合目（または山頂）を目指しました。もちろん、沿道（標高900mほど。わが家の近所）で応援しましたとも。

前述しましたが、山頂コース女子優勝のリーア・ドルティーさん（28）は、私にランナーズINNを紹介した友人宅にステイしていたそうです。「うちに泊まった人が優勝した！」と友人は欣喜雀躍。その気持ち、よぉくわかります。

「コロラド州に住んでいた子どもの頃から知っている富士山を走って優勝できるなんて素晴らしい経験。うれしくて泣きそうになった。序盤に無理をしなかったのが幸いした」と、リーアさんはコメントしています。

米軍勤務のご主人と2013年1月から山口県岩国市で暮らし、普段は英会話教師をしながら、走り込みを続けていたそう。五合目まではトップ集団に引き離されていたようですが、最後の400mで逆転したとか（平地ではありません。とんでもない急勾配です。やっぱり、超人！）。

山頂コース男子優勝の松本大さん（29）は5度目の出場で栄冠をゲット。「世界遺産登録された年に勝てて光栄です。山岳コースに入ってからペースを上げ、九合目でスパートした」と喜びのコメント。

群馬県出身、高校、大学と国体の山岳競技に出場。卒業後は小学校教員を経て、2012年4月からプロの山岳ランナーとして活動しておられるとか。「欧州の山岳マラソンで活躍したい」とさらりと話しておられました。やっぱり、やっぱり、超人です。

優勝者は超超超超超…人。何度も申し上げますが、私にとってはこのレースに参加するだけで超人です。

古くからの知り合いが「超人になった」と知ったのは後のこと。彼は信用金庫に勤務する50歳、マッチョな印象はありません。フツーのおじさん。40歳の頃から山歩き&登りに熱中していたとか。2012年は「五合目コース」に挑戦し、2時間30分で完走。これで、山頂コース参加資格を得ました。

「七合目を過ぎると標高3000m近く、酸素は下界の3分の2ほど。この辺から疲労感が高まり、高山病の症状も出てきて、しゃがみ込むランナーも多い。ここからは気力あるのみ！　ふらふらでゴールした瞬間は涙がでてきて、達成感充分！」と話してました。

彼のタイムは4時間25分、めでたく完走でした。ゴール後にはほとんどの選手が何事もなかったように、五合目まで（送迎バスがある）下るそうです。

う～ん、なんたる体力。聞けば、前日も足馴らしで七合目まで登っていて、多くのランナーは本番に備え幾度となく試走（試登！）するそうです。

毎年7月に開催されるこのレース、日本一のパワースポットに挑む超人たちの放つ強力パワーの恩恵に与っていると実感できます……応援で参戦するだけでも、充分に幸せになれます。

※第66回富士登山競走（２０１３・７・26）
★国内46都道府県からの参加者はもちろん、アメリカ、イギリス、フランスなど欧米諸国やアジアなど、17カ国からランナーを迎えて開催。
★富士登山競走は２００人以上の実行委員会スタッフに加え、地元から４００人を超えるボランティアの協力に支えられている。
★最高齢ランナーは山頂コース男子77歳、女子57歳。五合目コース男子77歳、女子62歳。

第４章

世界に誇る
やまなしの食材・郷土料理

おやかた様！
上杉軍が攻めこんできました！
ご出陣を！
ちょっと待って。これ食ってから行くから先に行ってて。
あー、うめー。

1　富士川舟運の発展の歴史に「鰍沢の塩」

五緒川津平太

戦国時代、塩不足に苦しんでいた甲斐の武田信玄に、越後の上杉謙信は塩を送ってくれました。敵ながらなんていいやつなんだと思いますが、じゃあ二人とも戦わずに仲良くしたらいいのにと思ってしまうのはお気楽すぎるでしょうか。そうはいかないのが群雄割拠の乱世というものなのでしょう、きっと。

▼鰍沢は塩の代名詞

さて、ここで言いたいのはそういう話ではなくて、海なし県である山梨は昔から塩がなくて困っていたということです。自分のところになければよそから持ってくるしかありません。そして、駿河と甲斐を結ぶ富士川舟運が発達したんですね。駿河の塩は舟に積まれて富士川を上って鰍沢《かじかざわ》で下ろされます。そして、ここでしっかりとした梱包に荷直しされて陸路に入ります。鰍沢を拠点にし

山あいを流れる富士川（鰍沢・鹿島橋付近）

て、韮崎、さらには諏訪方面まで、馬や人によって塩は運ばれていきました。そのため諏訪のほうでは塩のことを「鰍沢」と呼んだなんていう話もあるくらいです。

▼伝統製法を守る塩

そんな歴史を持つ鰍沢では今、「塩」を中心にして町おこしをしたり商品に展開したりしています。「塩って、あのしょっぱいだけの塩？」とお思いの方もいらっしゃるでしょうが、塩はあらゆる料理になくてはならない大切なものであり、ヒトの生命活動に必須のものであり、大変奥が深いものなのです。

そんな塩の魅力を体験するのにぴったりの場所が鰍沢にあるのです。「塩」をキーワードにした地域交流センター「塩の華」です。さっそく行ってみましょう。

舟蔵をイメージした造りの「塩の華」は国道52号線沿いにあり、ドライバーの休憩所としても賑わっています。富士川舟運の拠点として栄えた鰍沢の歴史や文化を学ぶ

塩の華。舟蔵を模した建物が雰囲気を出しています。

展示もあります。もちろん、鰍沢ならではの品物も売っています。地元でとれた野菜や「みみ」と呼ばれる郷土料理やら塩やら……えっ、塩？　塩をきれいにパッケージして商品として大々的に売っているなんて、珍しいですね。

パッケージを見ると「伊豆大島に打ち寄せる清麗な黒潮を、太陽と風を利用して濃縮し、平釜で手間と時間をかけて丹念に結晶させた昔懐かしい伝統塩です」と書いてあります。富士川舟運当時の塩を再現したんですね。

一般に売られている塩はサラサラとしていますが、この「鰍沢塩」はしっとりとしています。「それは製法が違うからです。鰍沢塩は天日干しをして時間をかけて作られています」と、「塩の華」スタッフの樋口順子さんが教えてくれました。だから、まろやかな旨みのある自然なおいしさがあるんだそう。「天ぷらやおにぎりに使うと味の違いがよくわかります」と教えてくれました。

▼「塩」で活気づく町

この鰍沢塩はいろいろなものに取り入れられ、まろやかな風味を生かしたさまざまな食品が開発されました。塩ようかん、塩アイス、塩飴などです。中でも人気なのが塩饅頭だと聞いて、さっそく一つ買って食べてみました。……おぉ、皮がすごくもっちりしている。うまい。そして甘みを抑えた上品な餡。絶品です。甘いもの好きな私にまた一つ大好物ができてしまいました。

この塩饅頭は鰍沢の和菓子店・竹林堂で製造されているということを聞き、商店街にあるお店に寄ってみました。昔ながらの町の小さな和菓子屋さんですが、次々と客が訪れてとても繁盛しています。奥のほうには菓子づくりの作業場があるらしく、忙しく働く様子がうかがえて活気が感じられました。私の次に入ってきたお客さんは塩饅頭を注文していました。「もう少しで出来上がりますのでお待ちください」。どうやら塩饅頭は製造が追いつかないくらい人気のようです。

富士川舟運を模して昔ながらの舟を船頭さんが竿一本であやつる「富士川下り」も3年目を迎え広く知られるようになりました。富士川舟運と塩で栄えた鰍沢が、その歴史と自然を生かした取り組みで今、いきいきとしています。

しょっぱいだけの塩だと思っていましたが、やりようによっては人や町を活気づかせるものなんですね。

2　「武川米」はなぜ格別においしいのか

五緒川津平太

おいしく炊けた白いごはんほどうまいものはないと思っている私は、おかずなんて米をおいしく食べるための単なる引き立て役だと思っています。米がうまく食べられればそれでいい。余計な小細工はかえって邪魔。だから私の理想のおかずは白菜のぬか味噌漬けです。これがあれば何杯でも食べられます。さらに突き詰めて余計なものをどんどん取り払っていくと、おにぎりという究極メニューにたどり着きます。

▼おにぎりでうまい！　武川筋でとれたお米

塩でにぎってのりを巻く。たったこれだけでめちゃくちゃおいしい。だけど、おにぎりはごまかしがききません。まずい米で作ったおにぎりはまずいのです。米のよし悪しがすぐわかってしまうのがおにぎりなのです。

その「おにぎりにしておいしい米」として評判をよんでいる米が山梨にはあります。おにぎりにしておいしいということは、すなわち間違いなくおいしい米、ということになります。それが、わが山梨県が誇る武川米なのです。

北巨摩の釜無川流域を武川筋といいますが、その白州から韮崎までの釜無川右岸は土も水も稲作に適していて昔から良質の米がとれました。そして戦後、「農林48号」や「コシヒカリ」の品種を植えるようになると、おいしいとさらに評判になりました。武川米にははっきりした定義はありませんが、現在は武川筋でとれた「農林48号」または「コシヒカリ」のことを武川米と呼ぶことが多いようです。

▼土壌とろ過された水に秘密あり

なぜ武川米はおいしいのか。それはこの地域の砂質の土壌と寒暖差の大きい気候がおいしい米作りに適しているからだそうです。そしてほかと決定的に違うのは、南アルプスの甲斐駒ケ岳や鳳凰三山の花崗岩にろ過されて出てきた水です。これがおいしい米を育てているのです。

農林48号は甘くて粘りがあり、冷めてからも甘味を増すという性質があるそうです。ここから「冷めてもおいしい武川米」といわれるようになりました。中にはわざわざ冷ましてから食べるという人もいるんだそうです。また、その粘り気の強さはおにぎりがうまく握れないほどだそうです。そのため、他の米をブレンドして炊いたものをおにぎりにしているというお店もありました。

田植え前の武川町の田んぼ。甲斐駒ヶ岳（右奥）や鳳凰三山から湧き出る水がおいしい米を育ててくれる。

さめてもおいしい武川米。だからおにぎりのうまさも格別です。

そのおにぎりをひとつ食べてみましたが、ひと粒ひと粒に粘り気が感じられほんのり甘みもある極上のおにぎりでした。こんなおいしい米が毎日食卓に出てきたら、とても腹八分目じゃおさまらないなぁ。腹の出っ張りがますますひどくなってきた私にとって、食べ過ぎ注意の困った存在の米なのでした。

3　富士川町十谷に伝わる「みみ」！

五緒川津平太

▼県内各地で「ほうとう」の呼称が変わる

山梨の郷土料理といえば「ほうとう」が真っ先にあげられますが、この野菜たっぷりの味噌煮込みうどんは同じ山梨県内でも場所によっては違う名前で呼ばれています。甲府盆地では「ほうとう」ですが、笹子峠を越えた大月や都留では「にごみ」と呼ばれ、さらに東の上野原では「にこみ」と呼ばれています。国中でも中巨摩あたりでは「ほうとう」ですが、国道52号線を南下して南巨摩に入ると「のしいれ」、さらに南下して身延・南部に入ると「のしこみ」と呼ばれるようになります。

この「ほうとう」から「のしいれ」に変わるあたりを、南下せずにヒョイと右折して西の山へ入っていくと、今度は「みみ」と呼ばれるほうとうに似た食べものに出会えます。富士川町十谷に昔から伝わる郷土料理です。ゴボウ・大根・カボチャ・ニンジンなどと一緒に味噌で煮込むのは「ほうとう」と同じですが、中に入っているのは麺ではありません。「みみ」なのです。

▼語源は「蓑」&「耳」

「えっ、みみ？」と、私も初めて聞いたときは耳を疑いました。なぜ「みみ」というのか。それは麺のかわりに入っているものが、農作業で使う道具の「箕（み）」と似た形をしているからだそうです。小麦粉を練って薄くのばし、一辺が約３㎝の四角に切り、一方の隣り合った角をつまんでくっつけると箕の形になるのです。でもやっぱり耳にも似ています。だから箕と耳の両方が語源だといわれているそうです。

そしてある時「みみ」が大好きな十谷の人たちは思いました。「みみ」をおいしく作りたい、そしてそれを広く長く伝えていきたいと。「みみ」の魅力を存分に引き出すためレシピの監修を料理研究家の故・小林カツ代さんにお願いしました。「みみ」をはじめとする十谷の郷土料理を「作って食べて感じ」られる施設「つくたべかん」も作りました。そして、おいしい「みみ」が完成したのです。

▼「つくたべかん」でみみ作り体験

なんて書いているうちに猛烈に「みみ」が食べたくなってきたので、十谷「つくたべかん」へ行

つくたべかんは山に囲まれた里・十谷にあります。

つくたべかん内の案内版。地元のことばが田舎のぬくもりを感じさせます。

くことにしました。国道52号線を南下し「十谷入口」の信号を右折し山道を登ります。十谷の集落に入ると道が狭くなりますが案内板に従ってどんどん進んでいくと、ありました「つくたべかん」。駐車場には県外ナンバーの車がたくさん停まっていました。広く知られているんですね。「みみ」を食べるには「みみ」を注文すればいいのだけれど、せっかく「つくたべかん」に来たのだから、みみ作り体験をすることにしました。この体験は2人以上からということなので、同行したうちの嫁さんと一緒に作ることにしました。

まず手を洗い、エプロンをします。エプロンなんて小学校の家庭科の授業以来です。みみ作りを指導してくれたのは「つくたべかん」スタッフの望月さんです。

大きな陶器の鉢に小麦粉を入れ、水と混ぜます。

塊になったら手で強くこねます。結構力が要ります。丸く保ちたいのにどんどん形が崩れていきます。望月さんが見かねて手本を見せてくれました。うまい。そしてリズミカルです。「こういうふうに、ね」

よし、頑張るぞ。またこねる、こねる。もうそろそろいいかな？　あれ、望月さんがいない。しかたがないのでまたこねる。

時間を見計らって望月さんが戻ってきました。「いいですね。それでは次は棒でのします」。

厚い薄いができないように気をつけながら平らに延ばします。

平らになったら畳んで包丁で切ります。大きさが揃うように目安の厚紙を当てて切ります。

みみのもとになる3cm四方のサイズにします。

一枚一枚手に取ってみみの形にします。うまくできるときもあれば不格好になるときもあります。そしてたくさんのみみができました。

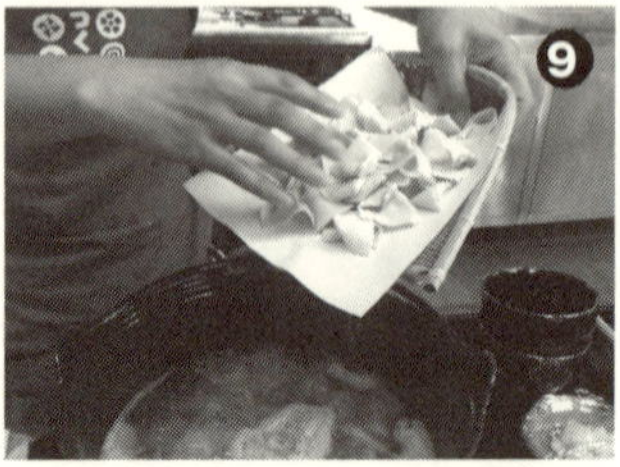

みみ以外の具はつくたべかんで作って用意してくれます。ぐつぐつ煮えてきたらみみを入れます。

待つこと数分、おいしいみみの完成でーす。

野菜もたくさん、みみもたっぷりの一杯です。

ほら、これがみみですよー。ぷるぷるしておいしそう。

出来上がったみみを食べました。まず、スープがおいしい。まろやかなみそ味です。出汁は煮干しかな？　そしてみみ。一つのみみの中にも薄い部分と重なって厚くなった部分とで歯応えが違って楽しい。そして、十谷でとれた野菜がたくさん入ってるんです。里芋がうまかったなあ。ゴボウもうまかった。作って食べて感動した、十谷のみみでした。

4 家庭の味「ほうとう」は観光食としても認知されている

三浦えつ子

山梨の郷土料理、不動のトップは「ほうとう」。2007年には「農山漁村の郷土料理百選」のひとつに選ばれています。同様に「吉田のうどん」も選ばれていますが、主に食されているのは山梨県郡内地方。「ほうとう」は全県で食べられています。

山梨県生まれで「ほうとう」を知らない人はまずいないでしょう。多くの人にとって、昭和生まれの人としたほうがよいかもしれませんが、「ほうとう」はうちで食べるもの。現在でも日常的な料理として認識されている家庭料理です。県内のスーパーマーケットでは生麺ほうとうは常時販売されています。もっとも、食生活の多様化や核家族、単身者世帯の増加などで、家庭の食卓に登場する頻度が下がっていることは否めないでしょう。

▼「おうちほうとう」は百人百様　わが家の味が一番

都内の広告代理店に勤務していた30年ほど前、当時80歳を超えていた祖母は、帰省して都内へ戻る私に手作りほうとうを持たせてくれたものです。麺同士がくっつかないように、たっぷりと粉をはたいて箱に入れるので、かさばってかさばって！　大荷物になってしまったことをよく憶えています。その頃すでに市販品もありましたが、塩を使わず、木の鉢で手ごねした祖母のほうとうは、ひと味もふた味も違ってました。

大鍋にたっぷりのだしを張って、定番具材（じゃがいも、にんじん、いんげん、きのこ類、かぼちゃ、豚肉など）を煮て、ほうとうを投入。味噌と醤油で調味します。当時は料理初心者、具も味つけも自己流ながら、ほうとうは立派なもてなし料理になり、大いに振る舞ったものです。生麺から煮込むので汁にとろみがつき、冷めにくいのが特徴。とくに寒い季節には喜ばれました。口の悪い友人は「海がないところの食い物」「産物がないところだから、工夫したんだね」などと笑いましたが、皆、ほうとうに対しては好意的。今にして思えば、ほうとうの認知度を高めたいという私の小さな郷土貢献策でした。

同じ頃、仕事では企業が発行する情報誌（当時は企業ＰＲ誌と呼ばれていました）の編集・取材を担当していました。都内には日本全県の郷土料理店がたくさんありました。「北海道から沖縄まで、日本の郷土料理」と題した連載企画取材で「ほぼ全国制覇」したのです。山梨県の郷土料理は当然ほうとうです。当時、新宿にあった「甲斐路」というお店に協力いただき撮影。そのとき、初めて「よそゆき」の顔をした「ほうとう鍋（鉄鍋でぐつぐつと煮立った状態）」に出会いました。アラー高級感あり、と思ったのを、憶えています。

▼平安時代に中国から伝来、信玄公の陣中食説も

「ほうとう」には禅僧の手により中国から日本にもたらされた「餺飥（はくたく・はうたう）」を語源とする説（平安時代後期の辞書『色葉字類抄』に「餺飥」の漢字に「ハウタウ」という読みが記されている）、また同音の「宝刀」や「放蕩」などを語源とする説もあります。「宝刀」は「信玄が自らの刀で具材を刻み、陣中食・野戦食とした」といった武田信玄公に由来する説、「放蕩」は「手間がかからないので作っている時間を放蕩することができる」という説などがあります。個人的には、信玄公の陣中食説を支持します。だって、信玄公が野菜を切っているところを想像するだけで面白くわくわくするじゃないですか。

言語学的な見地からエライ学者先生方は、どれも根拠に乏しいとおっしゃるとか。その一方で、郷土民俗研究の立場からは、「ほうとう」の呼称は江戸時代中期の甲府勤番士日記『裏見寒話』においで見られ、小麦粉で作った麺に限らず、穀物の粉を用いた料理全般に用いられていることが指摘されています。穀物の粉を「ハタキモノ」と呼び、粉にする作業を「ハタク」と呼ぶことから、「ほうとう」の語源はハタク、あるいは穀物の粉を意味するハタキモノが料理名に転用されたと考

「ほうとう屋敷みさか路」のほうとう。鉄鍋で提供されている。

えられているそう。江戸時代にほうとうは日常食となっていたのです。

▼外食産業で「進化するほうとう」

「ほうとうはうちで食べるもの」と前述しました。これ、山梨県生まれの人にはご賛同いただけるでしょう。が、観光食として意識すると、話は別です。山梨県内各地に大型店を展開する「甲州ほうとう　小作」「ほうとう不動」という二大ビックネーム（どちらも県内数軒を構えています）に加えて、ユニークな企画力で県外認知度の高さを誇り、リピーターも多い「ほうとう屋敷みさか路」など、地元民でも驚くようなメニューを展開しています。

これらの店、店舗展開は地域密着型がほとんど（甲州ほうとう小作は長野県に1店舗ありますが、お隣ですから）。「山梨に来たらほうとうを！」という観光客誘導作戦につながっているようです。

　私は遠方からの来客があるとこうしたお店に出向きます。すると、家庭で作るものとは違って、郷土食「ほうとう」の進化を実感します。好みにもよりますが、カレー味、コチュジャン風味やチゲ風、海鮮風など、薬味も多様。エスニック風やグラタンもあり、「う〜ん、頑張っているわねぇ」とエールを送りたくなります。もっとも、どの店でも一番の人気は「かぼちゃ入りほうとう」だそうです。

　ちなみに、「生麺のほうとう」（デュラム小麦で作った「ほうとう生パスタ」は最近のお気に入り、日持ちする乾麺もときどき）は、目下私の手みやげベスト3に入っています。さし上げた方々からは、かなり喜ばれています。私の小さな郷土貢献策、30年経っても変わりません。

5 いまや全国的知名度「吉田のうどん」

三浦えつ子

▼結婚披露宴のコース料理・シメはうどん！

都民だった10数年前のこと、富士吉田在住の友人の結婚披露宴に招かれました。会場は市内の大型リゾートホテル。料理はよくある和洋折衷のコース。吟味された材料とプロの技法で仕立てられたなかなかに見映えよい品々でした。コースも終わりに近づいて、シメの食事が供されました。「うどん」でした。披露宴の食事にうどん？　と、その意外性に軽く驚いたのをしっかりと覚えています。後日、友人に「お祝い事にうどんなのね。それって土地柄？」とたずねました。「シメはうどんでしょ、って、当然のように彼に言われて。そういえば、この辺りじゃ、うどんよね。そんなものなのね〜って。深く考えなかったけど、ヘンだった？　美味しくなかった？」などと、逆に質問されるハメに。友人にとっては、慶事の食事＝うどん、なのでした。

その後、富士吉田市民となって今日までに、前述の友人への質問への回答を図らずも得ることになったのです。暮らしてみないとわからないことって、ありますね。

住民となったばかりの頃、その硬さ（コシが強いというよりは硬いのです）に驚き、手打ち麺独特なのでしょうが、太さもまちまち、うどん屋さんは暖簾も看板も出ていない一般住宅（昭和のレトロ民家もたくさんあり）。注文の仕方もわからないので、ひとりじゃ不安などなど、吉田のうどんに対しては、好印象は持てなかったのでした。

ところが、慣れとは恐ろしいものです。現在ではすっかり吉田のうどんファンになりました。市内にはうどん屋さんが70店近くもあり、それぞれ独自の麺、汁、具を提供しています。全国チェーンのファミリーレストランとは一線を画し、小規模ながら格闘しています。ほとんどがランチタイムだけの営業です。富士吉田市は隣接する忍野村、山中湖村や富士河口湖町に比べると観光客は少ない土地柄ですが、うどん屋さんの駐車場には県外ナンバーの車が多く、知名度は全国区に成長しています。

どこでも食べられるランチ、つまり全国チェーン店よりは、土地のうどん屋さん探訪。数年前に決意した、「目ざせ！全店制覇」。もちろん、ゆる～い決意です。目下のところは半数、35店ほど食べました。季節を問わず、賑わっているうどん屋さん。地元住民に愛されているからでしょう。吉田のうどんって、逆襲フードともいえる、そんな気がします。

▼風土が育てたうどん文化

富士北麓地域は標高が高く、稲作には向かない土地柄で、小麦、大麦、粟、ひえ、そば、とうもろこしなどが主食とされていました。小麦、大麦を原料とした粉食文化がうどんに象徴されています。

「昔は、味噌や野菜も自家製。それぞれの家ごとのだし汁、煮干しや椎茸が多かったね。煮干しはだしをとった後も捨てないで、そのまま食べてたものさ。うどんは、祝儀、不祝儀、祭りなどで必ず出された。親戚へ招かれると、そのうちのうどんが、とても楽しみだった」と話す近所のお年寄り。最近の吉田のうどんブームに水を向けると、「何が流行るかわからないね。吉田の人は昔からうどんが好きで、よそから持ってきた習慣じゃないから。根っから土地のもんだね、うどんは」と来ました。そうなんです。米がとれない貧しい土地柄だからうどん……。つい、ネガティブに考えてしまいがちなこちらに、「根っからの郷土食」と断言。このストレートさ、好きです。

富士吉田は織物業が隆盛を誇った時代を経験しています。地場産業として市内の半数近くが織物業に携わっていた頃、そのほとんどは個人事業者です。家を職場とする父親はセールスを担当、機織りに従事するのは女性。食事の支度もままならない中、在宅時には幼子を背負って「うどんを打つ」家長の姿は至るところで見られたとも聞きます。「男手でしっかりと打つからうどんが硬くなった」この説にも納得がいきます。

▼富士登山、織物業、うどん店の関係

吉田のうどんと富士登山には粋な関係があります。江戸時代から栄えた富士山信仰・富士講の人々に対し、登山前に身を清めることを目的に白いうどんが提供されていました。当時は富士講の人々を迎えた御師住宅で振る舞われたようです。

この白いうどんは「湯盛り」と呼ばれ、現在でも看板商品にしている店があります。うどんとゆで汁という簡素さ（本当に美味しいうどんでないと、この食べ方はおすすめできません）、削り鰹と青味（一般家庭では、ゆでたほうれん草や小松菜、冬季には水かけ菜など）がトッピングされていて、好みで醤油をかけて食べるスタイル。富士吉田で最も古いうどん店、明治25年頃の創業の「はなや」（上吉田地区）の人気メニューです。創業時は富士登山シーズンの夏のみの期間限定営業だったそうで、現在のように年間営業するようになったのは昭和20年代とか。

下吉田地区のうどんのルーツは織物業が盛んだった大正から昭和初期。市内には遠く京阪神や名古屋から問屋が買い付けに来て市が立ったといわれます。そうした来訪者にも吉田のうどんは提供されていたようです。自宅で振る舞うことも珍しくなかったそうですが、徐々にうどん店が増えたのです。

その後の、うどん店の隆盛は前述の通り。繰り返しますが、富士吉田をはじめ富士五湖エリアの人たちは、本当にうどん好きです。

ちなみに、自家製うどんを打つ家庭なら、どこのお宅でも湯盛りうどんは好まれています。薬味や具はそれぞれ。タイミングよくお呼ばれすると、とてもうれしく、滋味をいただいている気分に浸れます。

▼高校生の視点で新スタイルうどんの開発

2年ほど前のこと、恒例のうどん屋さん探訪で出会った真っ黒な麺。店内のポスターには「ひばりが丘高校※製作【竹炭黒麺】使用」と大きく書かれていました。へぇ〜、さすがはご当地。高校生が麺の開発ねぇ、それにしてもこの黒さは！　なんて半分関心、半分おいおい！　てな気分で、店主にそのいきさつを聞きました。

「ひばりが丘高校の授業の一環で商品開発をすすめ、それに市内の製麺業者が協力して出来上がった麺です。健康によい粒子の細かい竹炭を15％ほど混ぜて麺に仕上げています。うどんは白だけど、インパクトある黒麺。高校生の着想、面白いでしょう。数件のうどん店がメニューに取り入れました。流行のコラボ企画です」

注文するのは好奇心豊かな女性が多いとか。もちろん、私もいただきました。一般に市販の麺は（うどん屋さんで食べるものより）柔らかいのですが、この麺はなかなかの気骨ぶり（あくまでも、好みの問題ですが）。

それから、「吉田のうどん＆ひばりが丘高校生コラボ企画」に注意を払っていると、やるねぇ！

と、エールを送りたくなるプロジェクトを次々とスタートさせています。

●「吉田うどん」WEBサイトの運営（2010年～。富士吉田市内のうどん店のホームページの無償作成も）。

●「うどんなび（うどん店ガイド）」の企画制作。

●「吉田のうどん」麺プロデュース（市内の製麺業者に協力「竹炭黒麺」「顎砕（あごくだ）き……太さと硬さを徹底追求」）ネット販売で好調とか。

このような動きには、とても好感が持てます。地域の食文化を学習し、それを生活の糧とする手法を学ぶ。伝統を次世代へ受け継ぐ生きた授業といえるでしょう。

※山梨県立ひばりが丘高校（富士吉田市上吉田）／昼間部と夜間部がある二部制定時制高校。少人数制で社会性を養う授業で知られる。

富士吉田には、小麦から作ってこその地元の名物とばかりに、小麦の栽培に力を入れる自主グループもあり、「吉田のうどん」はソウルフードとして、地域の食文化&経済、エンターテインメントも牽引しているのです。

蛇足ながら、店内で食べたばかりのうどんを品評・論評するのは厳禁です。周りのお客さんの大半はその店のファンであり、友人や同級生、親戚だったりするので「硬い！」とか「まずい！」などと言おうものなら、にらまれたりすることも。富士吉田市民にはとにかくうどん好きが多いのです。うどんトークを投げ掛けると、皆それぞれのマイうどん屋があり、うんちくを語りはじめる。ああ、恐ろし！　ご用心ご用心。

●お店によって違いはあるが、定番の具はゆでキャベツ、油揚げ、さくら肉（甘辛く煮てある）。独自開発の薬味（すりだね）を味わうのも楽しい。
●富士山のわき水でこねたうどんは硬いのが特徴
●多くの店で、かけうどんは 350 円…お値打ち価格
（写真提供／ふじよしだ観光振興サービス）

富士吉田のご当地キャラクター「吉田のうどんぶりちゃん」（写真提供／ふじよしだ観光振興サービス）

6 地域おこし協力隊が発掘したネオ郷土食「吉田ごはん」

三浦えつ子

「ここには手みやげにする名物がない、おいしいものがない、なーんにもない」北麓エリアに暮らす（主に）年配の方々からよく耳にする言葉です。はじめの頃、独特の謙遜表現かぁ、と思っていました。ところが、あっちでもこっちでも、よく聞かれるのです。そのうちに、耳障りになってきました。ついつい、心の中でつぶやくのです。「あるじゃない、いっぱい。山麓は季節の幸・恵みの宝庫。海はなくても川魚はいろいろ。国中エリアの名産煮貝なんて、海がないからできた名物。富士山の水で育てた伝統野菜なんて素晴らしい！」

内に秘めずに発言したら、「おいしいもの、なーんにもない」人たちはキョトンとした顔になります。この方々、愛情や思い入れがありすぎ・自虐的思考の典型のような気がします。

何とかならないものか。そんなことを思っていたら、富士吉田市で面白い動きがあることを知りました。

20代の若手による、食のまちおこし・地域食発見「吉田ごはん」プロジェクトです。地元産食材、レストラン、継承されてきた食文化などに焦点をあて、これまで意識されてこなかった《富士吉田・食》のブランドづくりへの取り組み。

「こんなにおいしいものがたくさんある〜！」と思う私の考えとピッタリ合致したのです。

地元の皆さま、地域食をもっともっと自慢しましょう。

▼若者の大胆セレクトに寄せられた共感

「吉田ごはん」最初の発信は2012年末、ポスター&小粋な5枚のポストカード。富士吉田市内の飲食店や道の駅などで配布されていました。

そこには、気候風土が育んだ食材、先人からの知恵の伝承、食の楽しみなどが表現されています。このポストカードを遠方の知人友人へのグリーティングカードとして愛用し、勝手にPR活動展開中。言外に「富士吉田ってこんなにおいしいものあるの」を表現したくて。

このプロジェクトを立ち上げたのは、富士吉田市と連携事業を行なっている慶応義塾大学の学生たち。中でも慶応SFC（湘南藤沢キャンパス）にある総合政策学部・環境情報学部の学生たちが中心となって富士吉田を「食」で盛り上げていこうと始まったそうです。

地域学・地元学が注目される昨今、地域活性化と食文化は切り離せないテーマでしょう。この動きに大いに期待しています。では、以下に5つの吉田ごはん、紹介いたしましょう。

寒暖差のある気候で育った米《ミルキークイーン》

数十年の時を経て、麓に湧き出た清らかな富士山の雪融け水、昼夜の寒暖差がある気候、熱心な農家の工夫と愛情、努力によって育った富士吉田産ミルキークイーン。味、つや、香り、粘り、どれも一級品、と地元米店は絶賛。炊きたてごはんがおいしいのは当然のこと、冷めてからももちもちとした食感が続き、美味。

ミルキークイーン
水だけじゃない、愛だ、愛。
安全と美味さにこだわる農家と料理人の出会い
吉田ごはん
ミルキークイーン

富士山の伏流水でつくった《ふじやまビール》

ドイツから招へいしたビールマイスターの「水がとてもおいしい」という言葉に勇気づけられ指導を受け、1998年に誕生した「ふじやまビール」。「富士の天然水」が一番の特徴。「日本一の山から湧き出る水を使ったビール」をたくさんの人に飲んでほしい、その思いからセレクト。

馬が物流を担っていた時代からの食文化《馬刺し》

富士吉田周辺では馬肉はとても身近です。吉田のうどんにトッピングされる肉も桜肉を甘辛く煮込んだ佃煮風を用いる店が多く、すき焼き、馬刺しとしても古くから食べられてきました。赤身が多く、しっとりとやわらかい食感の馬刺しは、さっぱりしてヘルシーです。馬が物流を担っていた時代から人々が行き交い、交易の中心地だった富士吉田の食文化として根付いたようです。「甲州馬刺し」を看板にする精肉店もあるほど。

吉田ごはん
馬刺し
艶やかな赤身、かみしめると広がるうまみ
歴史と文化を感じる富士吉田の夜の定番。

馬刺し

冬の菜っ葉《水かけ菜》

山中湖に端を発し富士の湧水を混入して流れる桂川流域の富士吉田市と都留市において明治の末頃から栽培されてきた水かけ菜。冬場でも水量が豊富で水温も10～12℃を保つ湧水をかけ流し、冬の寒さが厳しい北麓地域で貴重な青もの野菜の栽培が可能となったといわれます。先人たちの知恵が詰まった冬の菜っ葉。お正月の雑煮用などとしての需要も伸び、昭和60年頃には市内各地で盛んに栽培されましたが、高齢化や宅地化などにより栽培者が減少しているのが現状。

地域に愛された喫茶店のメニュー《かくれんぼバーグ》

富士吉田・下吉田エリアには昭和レトロの街並みが残っていて、映画やドラマなどのロケ地としても知られるところ。三丁目の洋食屋・レストランＭ・２は懐かしい味を守り続け、人気の店。「かくれんぼバーグ」はハンバーグとたっぷりのオムライス＋特性デミグラスソースのコラボメニュー。子どもだけじゃない、大人もわくわくする味。

▼よそ者&若者だからこそ、発掘できる食資源

「吉田ごはん」プロジェクトリーダーは齋藤萌さん。齋藤さんは慶應義塾大学3年生の時から富士吉田を訪れ、富士山のふもとで独特の文化を育んだまち・その魅力調査研究に携わり、特に「食」の分野に力を入れてきました。２０１３年春の卒業後、富士吉田市に移住し「地域おこし協力隊」として活動中です。

「来たり者」（他所から移住してきた人のことをさす表現）、「よそ者」だからこそ、発掘できる地域のお宝資源があるはずです。若者だからこそ、おこせる街の変化、きっとあるでしょう。齋藤さんにその活動をたずねました。

「ポストカードが配布され、ご覧になった方々の反応はさまざまでした。うれしいコメントやちょっと辛口の批評など、メンバーにとっては、そのどれもが貴重です。私たちは吉田ごはんプロジェクトを通じて、富士吉田の食べ物のことを地域の方々と一緒に考えたいと思っています。

地元の人には当たり前かもしれませんが、日常の中に埋もれていたり、派手さはないけど『魅力ある食』をよそ者視点でたくさん見つけました。夏のシーズンを中心に多くの人が集まる富士山のふもとだからこそ訴えかけていく、地域の経済を観光で潤す、それも大切です。でも、それが最終目標ではないと思っています。この地域に暮らす人たちが独自の食文化（農産品や郷土料理など）を心から大好きになることが一番大切だと考えます。

「吉田ごはん」のプロジェクトリーダー・齋藤萌さん

季節ごとにやってくるおいしい旬を追いかけ、市内のいたるところに出かけます。毎日が新しい発見の連続です。寒暖差があるからできる夏の味覚・とうもろこし。富士山の湧水で育った美しいニジマス。ピリ辛の南蛮味噌。地域の女性が立ち上がり名産品として の復刻を目指す新倉柿（干し柿）など。

挙げきれないくらいあるのです。それらを大事につくり続けるたくさんの人々もまちの宝だと感じます」

この地にしかない食の魅力「吉田ごはん」を生産者の声とともに伝え続けている地域おこし協力隊の活動。数年後が楽しみです。

※「地域おこし協力隊」は総務省の支援事業。若者が実際に地域に住みながら地域活性化策を提案し、地域力の維持・強化を推し進めていく取り組み。隊員数は全国で617名（204自治体で実施・平成24年度実績）が活動中。

7 長寿で知られる町をいっそう活気づける「せいだのたまじ」

三浦えつ子

ネット検索で「せいだのたまじ」と入力すると、多様な料理レシピサイトでいろんな作り方が山ほど表示されます。誠に便利な時代です。そのマジカルでユニークな料理名はメディアでもたびたび紹介され、山梨県民としてとても喜ばしく感じています。せいだのたまじは、山梨県東部・上野原市の伝統的な郷土料理です。

▼江戸時代の名代官の名をいただく家庭料理

さて、その料理名の由来。ときは江戸時代。全国規模でたびたび発生する飢饉、山梨県郡内地域でも多くの農作物被害がありました。その飢饉対策で役立ったのが、じゃがいもでした。甲府代官で谷村代官も兼務し、広く郡内を治めていた当時の名代官・中井清太夫が、九州から種芋を取り寄せ、郡内地域の村々にじゃがいも栽培を広め、窮地を乗り切ったと伝えられています。住民はこのじゃがいもに感謝の気持ちを込めて「清太芋」と呼ぶようになったとか。

はい、そうです。「せいだ」とは中井清太夫の名前からつけられたじゃがいものこと。「たまじ」は、主に棡原（ゆずりはら）地区や西原（さいはら）地区（現上野原市）などの方言で小粒のじゃがいものこと。「せいだのたまじ」は収穫しても食べずに残ってしまった小さいじゃがいもを、無駄にせずに美味しく食べるように工夫された料理。だしとともに味噌や砂糖やみりんを少し多めに入れて甘辛く煮詰めたお惣菜です。

ちなみに、郡内エリアでは上野原市以外でも、「じゃがいもの味噌っころがし（ころばし）」などと呼ばれ、おかずやおやつ（お茶うけ）用に現在でも作る家庭が多くあります。新じゃがいもが出回る初夏、地元スーパーには小いもだけを袋詰めした商品も並びます。

▼「長寿村」として全国に知られた・小さな村「棡原」

１９６８（昭和43）年のこと。当時の棡原村は「夫婦揃った長寿村」として全国にその名を知られました。それは東北大学名誉教授・近藤正二博士と甲府市の医師・古守豊甫博士によって報告されたもの。両博士はそれまで30年にわたって全国９９０の町村を実地調査し、長生きの研究を重ねていました。

報告の中で近藤博士は長寿の要因として「食・動・心」を取り上げています。棡原は水田がないため、きび・あわ・そば・麦・いも類を主食とし、野菜・山菜・川魚が加わった食事をとっていました。古く良き日本人の「素朴な食」です。また、家や畑の多くが傾斜地にあり、住民は日常的に坂道を歩くので足腰が自然と鍛えられます。そして畑仕事や家事などは家族や親戚縁者などの協力が必要です。こうした、「食べ物」「運動」「人との交流」があいまって長寿の要因となると結論づけています。

「長寿村」の名誉は棡原地区に伝統的に引き継がれています。高齢化、過疎化が進む現在ですが、若い世代で「長寿会」のブランド化の動きも活発で、なかでも「せいだのたまじ」は地域おこし最強レシピです。

全国的にも知られる長寿の里・棡原地区、棡原・長寿の里の碑（写真提供／上野原市）

昔懐かしい味を広め、上野原という地域を知ってもらうことを目的に、市の若手職員有志は「上野原せいだのたまじ本舗」という任意団体を発足させ、各種イベントで販売や広報活動も実施する奮闘ぶりです。着ぐるみ「たまじまる」も活躍中。

▼「せいだのたまじ」若返りに効果あり!?

人気のバラエティ番組「さんまのスーパーからくりTV春の超特大号２０１３」で「せいだのたまじ」が取り上げられ、驚き、後に大爆笑しました。思えば、この番組もご長寿です。どのテーマも意表を突く視点で取材していて、しかも、ほのぼの笑えます。

せいだのたまじ（小いもの味噌ころがし）。小さいいもを無駄なく、美味しく。エコレシピ！（写真提供／上野原市）

ここで紹介されたのは、「せいだのたまじ」には加齢臭を抑える効果的な要素がたくさん入っているというもの。じゃがいもにはビタミンC、味噌にはイソフラボン・ビタミンE。この3つを同時に摂取することで効果を発揮するとか。同番組では渡辺正行さんが1日に200gずつ1週間「せいだのたまじ」を食べたところ、加齢臭が消えたと紹介。他にも、一般のお父さん方4人が同じ方法で試したところ、同様に加齢臭は消えた、と。

読者の皆さま、ぜひ、お試しを！

第５章

こんなにあった活性化のアイデア　「山梨の逆襲」への提案

1 100年老舗書店の逆襲

三浦えつ子

▼逆風吹きすさぶ現状は「日本最先端」の環境だ！

山梨で一番逆襲の可能性あふれるのはこの人！　と周囲の知人数名からの推薦。仕事も住まいも別々で、友人関係ではない人々からの情報です。幾人もが同様に、活動内容が面白い人物、というのです。これは取材を持ちかけないと、ということで、じっくり聞き出しました。

逆襲パーソンは、甲府市の商店街にある「宮川春光堂本店（通称：春光堂）」の宮川大輔店長です。

「厳しいといわれている地方都市。厳しいといわれている商店街。厳しいといわれている出版業界」。20年以上も下がり続ける甲府市中心街の地価。そして、書店にいたっては1999年の2万2000軒から2013年の1万4000軒という15年で8000軒もの減少。甲府駅南に10

軒以上あった書店も今はほとんどが中心街から姿を消した。ざっと書いただけでもわかる厳しさのオンパレードです。

こうした厳しい環境は、今後他の地域でも同様に生じてくるのでしょう。そう捉えれば、この地は「日本の最先端」であるともいえます。この最先端の環境で、宮川店長は何を想い、何をしてきて、これからどういう未来を創ろうと考えているのか？

厳しい環境に不満をつのらせるだけでなく、「ここが日本の最先端だ！ ここには日本を救うエッセンスが詰まっている！」とポジティブに捉えて前向きに動いているのが宮川店長でした。

▼人生観を変えた2011年ショック

春光堂は甲府市中心街の銀座通り商店街にある老舗書店。1918年に開店し、もうすぐ100年を迎えます。「春日町（春光堂のある自治会の町名）から知識という光を発信する」という名前の由来通り、地域に根付いてきた書店です。店舗の上は生活の場でもあります。

宮川店長は、甲府市生まれ商店街育ちの39歳。静岡県の大学を卒業後、そのまま静岡県内の広告代理店に勤務。そして、両親との話し合いの末、「サラリーマンの代わりはいるが、春光堂は私が戻らなければ終わってしまう」と、春光堂を継ぐために8年前に甲府に戻って、春光堂4代目店長となりました。

他の市町村からバスに乗って遊びに来る子どもたち。おしゃれな洋服が買えると評判だった数々

棚づくりをしている宮川大輔店長

のアパレル店。飲みに来る人であふれた夜の街。そういった環境で育った宮川店長は、今と昔が全く違うことを痛感しました。金曜日の夜だというのに人影もまばらな商店街を見ながら、意気込んでいた気持ちも、「本当に大丈夫なのか」と弱気になっていったそうです。

少しずつ仕事にも慣れ、商店街の現状を理解し始めた宮川店長にとって2011年はターニングポイントの年。人生観を変える4つの出来事がありました。その1年間は精神的にも追い詰められたそうですが、振り返ってみると、より深く「自分・仕事・地域・未来」について真剣に考えることができた年でもあったとか。

東日本大震災

1つ目は、3月11日の東日本大震災。日々流れてくる悲惨なニュース。新学期という繁忙期に計画停電などで仕事の段取りがくめない中、いつもの日常が突如として失われる恐ろしさを実感したといいます。加えて、自然、原発、復興について考える中で、住んでいる地域が、いかに大事な存在なのかを考えさせられました。その上で家族や店員には「日常力」を取り戻すことの大切さを訴えたといいます。

大型ショッピングセンターオープン

2つ目は、同時期に郊外への県下最大規模の大型ショッピングセンターのオープンです。その影響があったためか、商店街の人通りが少なくなったように感じました。「巨大な資本力をもつ大企業」を前に弱気な気持ちが襲ってきましたが、「魅力的なお店であり続ければ大型店ができても関係がない！」と励ましてくださるお客さまの声を聞いては、「確かにそうだ。自分は自分のお店を頑張ろう！」と自分を鼓舞したそうです。

反社会的勢力の抗争

そして、3つ目は、反社会的勢力の抗争。中心街で抗争騒ぎが起き、人通りが一気に少なくなりました。毎晩立ち並ぶ警察官。その様子は異様でした。「おい、あそこに行くと流れ弾に当たるぞ」というブラックジョークもささやかれるような状態だったとか。ただ、現在は「甲府市中心街安全宣言」も出て、人は戻っています。

ご近所大型書店出店&ネットショッピング

最後は、歩いて3分の老舗デパートの中に出店した大型書店です。春光堂の8千冊に対し、80万冊の在庫量。ネットショッピングの使用者も増え、電子書籍も出始めてきた時期であったため、毎日が不安だったそうです。

宮川店長はこの4つの出来事で「実は私たちは、もろい土台の上に生きている」と痛感しました。安全だと信じて疑わなかった地域が、人が避けるような場所になる。電気が使えなくなるだけで仕事もいつも通りできない。迫り来る大資本の影響。「その中で自分はどう生きるのか?」

2011年は、現実と向き合い、さらに積極的に踏み出していく年になりました。

▼「大型書店VS地域書店」という構図ではない!

考えを巡らせていたある日、新聞記者が大型書店が開店した後の地域書店の様子を取材に来ました。そして、次の言葉を発しました。「書店文化の層が厚くなりましたね」。

このひと言で、頭がクリアになったそうです。「大型書店VS地域書店」という構図ではない。大型書店と同じ土俵で戦う必要はなく、地域書店に求められていることの追求が大切だということに気づきました。

本の役割とはなんだろうか、「知識という光を発信する」とは具体的にどういうことなのか、と店名の由来を紐解いてみたり、100年近い営業で春光堂が手にしたものはいったいなんだろう、春光堂が地域に残していくものはなんなんだろうと、考え続けました。

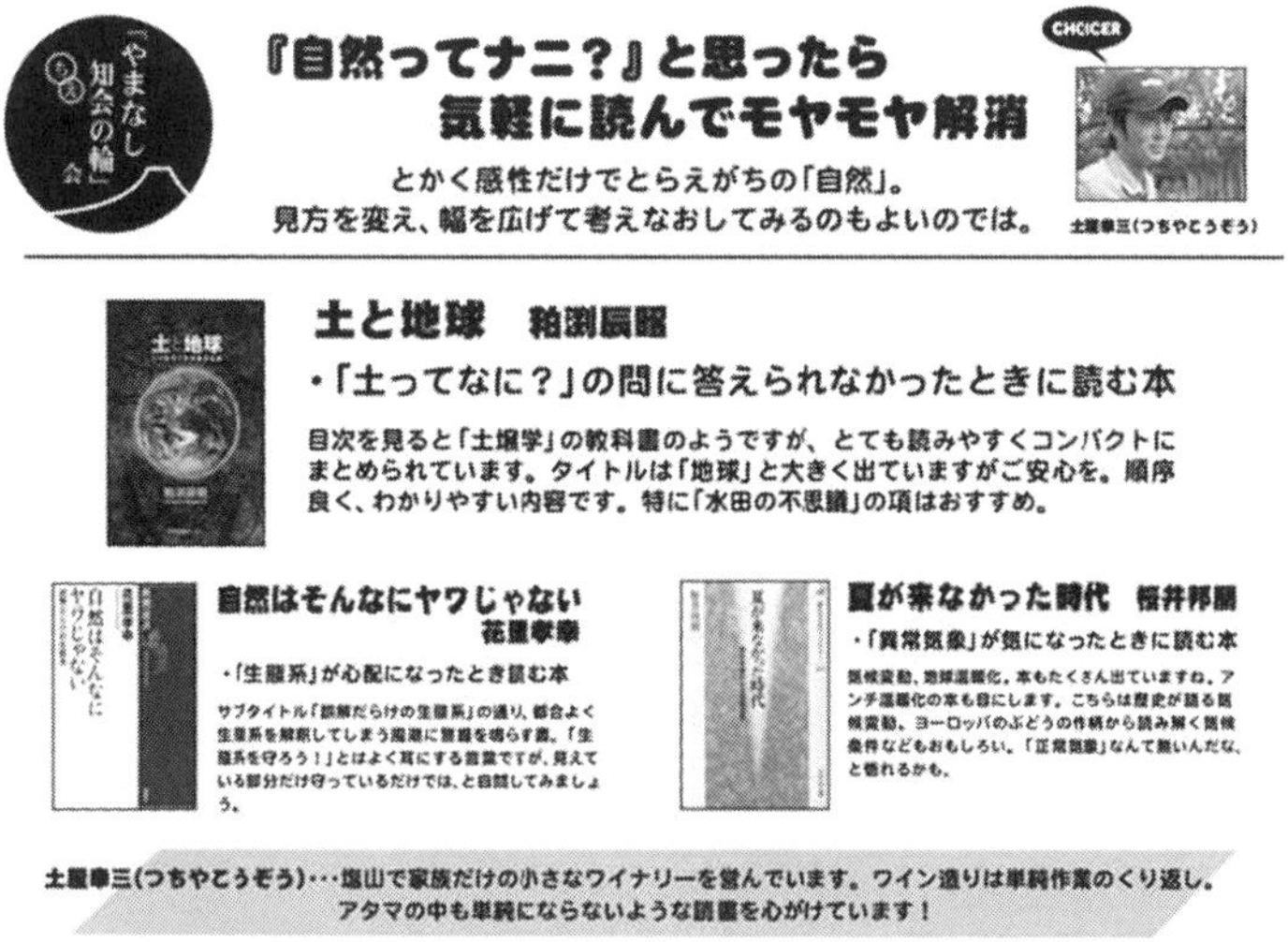
「やまなし知会《ちえ》の輪」会

CHOICER

『自然ってナニ？』と思ったら
気軽に読んでモヤモヤ解消

とかく感性だけでとらえがちの「自然」。
見方を変え、幅を広げて考えなおしてみるのもよいのでは。

土屋幸三（つちやこうぞう）

土と地球　粕渕辰昭

・「土ってなに？」の問に答えられなかったときに読む本

目次を見ると「土壌学」の教科書のようですが、とても読みやすくコンパクトにまとめられています。タイトルは「地球」と大きく出ていますがご安心を。順序良く、わかりやすい内容です。特に「水田の不思議」の項はおすすめ。

自然はそんなにヤワじゃない　花里孝幸

・「生態系」が心配になったとき読む本

サブタイトル「誤解だらけの生態系」の通り、都合よく生態系を解釈してしまう風潮に警鐘を鳴らす書。「生態系を守ろう！」とはよく耳にする言葉ですが、見えている部分だけ守っているだけでは、と自問してみましょう。

夏が来なかった時代　桜井邦朋

・「異常気象」が気になったときに読む本

気候変動、地球温暖化、本もたくさん出ていますね。アンチ温暖化の本も目にします。こちらは歴史が語る気候変動。ヨーロッパのぶどうの作柄から読み解く気候条件などもおもしろい。「正常気象」なんて無いんだな、と悟れるかも。

土屋幸三（つちやこうぞう）…塩山で家族だけの小さなワイナリーを営んでいます。ワイン造りは単純作業のくり返し。アタマの中も単純にならないような読書を心がけています！

ワイナリー経営者の「知会の輪」

「春光堂をご贔屓に応援してくれる人の気持ちを背負って、東京に負けない、大資本の巨大企業に負けない、山梨県や甲府市の誇りとなる店にするために努力し、もっと当店に、それを通してもっと商店街に遊びにきてもらおう」と決意したそうです。

山梨県には知恵と行動力で抜け目なく商売をしてきた甲州商人がいる。厳しい環境の中でもできることを考え続け実行していくことが、甲州商人の生き様ではないかと考え、心に火が灯ったといいます。

そして、100年間地域で営業してきた独自の強みを活かした活動を小さな書店がスタートさせたのです。大きな書店、インターネットの書店にはできないことです。

山梨県の伝統産業を結集したブックカバー「伝心」

▼本と人の交流地

始めた活動の1つが、「知会（ちえ）の輪」という企画。「知に会って輪を広げる」というコンセプトのもと、地域で活躍している人が顔写真や自己紹介とともに、おすすめの3冊を店頭で紹介するというもので、購入者はコメントカードを紹介者に渡すこともできます。

たとえば、ワイナリー経営者の方は、「自然」についてアカデミックな視点から本を紹介しています。その方の経歴や職業観が反映された本が紹介されるため、普通の本紹介と違うとお客さまに喜んでいただけます。また、紹介者とお客さまとの間に、本を媒介とした新たなつながりが生まれています。

これまで政治家からラッパーまで50人以上のさまざまな職業の方々が本を紹介。そして、売上金額の一部で、地域のカフェ約10箇所に紹介した本を置き、地域に読書文化を広げています。

▼甲州味噌&印伝とのコラボ企画も好調

本の紹介者とのコラボレーションも起こっています。たとえば、地元で150年続く「五味醤油株式会社」の6代目五味仁さんとは、塩麹をおすすめの料理本の横に置いて販売。塩麹もレシピ本も売り切れとなるなど好評でした。

加えて、山梨の伝統工芸である印伝を作っている「有限会社印傳(印伝)の山本」ともコラボレーション。工芸士の山本裕輔さんが来店するときは、伝統工芸に関する紹介本とともに印伝のレクチャー会が突発的に行なわれることが恒例となっています。また、山本さんとは印伝、甲斐絹(かいき)、水晶といった山梨県の伝統産業を集めた「伝心」というブックカバーをプロデュース販売して大きな反響を得ています。伝心は全国紙でも報じられ、有名女優がブログに記事を書くなど大きな成果をもたらしました。また、NHK朝ドラのヒロインの「花子とアン」の吉高由里子さんから「ごちそうさん」の杏さんへもブックカバーが贈られました。山梨らしいプレゼントとして広く認知される出来事でした。

▼広がる読書活動

また、「本を読まない人たちにも本の楽しさを知って欲しい」と、本を楽しむ活動にも力を入れ

まちなか読書会 2013

店内ワークショップの一コマ

第５章　こんなにあった活性化のアイデア……166

るようになりました。

それが月に一度開催している読書会です。毎月、屋内で行なっていた読書会を、年に一度、「まちなか読書会」と題して店頭のアーケードで、周囲に公開する形で開催。休憩時間にスポーツ用品店の店長に来ていただき肩こりを取る体操を教えてもらう、栄養補給として洋菓子屋からケーキを持ってきてもらう、筆記用具を忘れた参加者には近くの文房具店を案内する、といった形で近隣のお店も巻き込む活動に発展しています。

他にも、本を読まない人も楽しめるような本の魅力を伝えるワークショップも始めました。その結果、高齢者向けの集いの場で、頭の体操に読書を使ったワークショップをして欲しい、学校教育の一環として読書に親しむとともに本の活かし方に関するワークショップをして欲しいといった依頼を大学や法人からも受けるようにもなりました。「今まで本は読まなかったけれど、少しずつ本を読むようになった」という声も聞こえてくるそうです。

▼私設応援団「春光堂大使」

これらの活動で、本を読まない人でも春光堂に遊びに来てくれるようになりました。また、春光堂に来てくれるお客さまが他のお店に寄って帰る、他のお店に来たお客さまが春光堂に寄って帰るという導線も少しずつでき始めました。

そして、春光堂を応援したい人の集まり「春光堂大使」も自然的に発生。読み聞かせのお手伝い

フルーツパーク富士屋ホテルのブライダルコーナーのレイアウト

やちょっとしたアイディア出しのお手伝い、WEBや口コミで広くPRしてくれたり、知り合いをお店に連れてきてくれたりします。この地域の書店文化を盛り上げようとするつながりが暖かく心強いですと、宮川店長は語ります。今では、「俺は名誉大使だ！」と階級の争いも起きているとか……。

▼本の役割の再発見　ブックコンサルティングサービス

ビジネス面においても新しい活動がスタートしました。ブックコンサルティングという本を使った企業の悩みを解決するサービスです。

１００年近い営業で手に入れた、地域の方たちや中小企業の経営者たちの悩みを本で解決してきた経験、選書を通して学んだ世の中の流れを感じ取る力、ジャンルに関係なく本の内容を要約して伝える力、本を使ったワークショップの技術など、本が持つ素晴らしさを引き出して伝える能力を積極的に活かそうというサービスです。

その結果、「リーダーシップを身につけさせたい社員がいるからおすすめの本を教えてほしい」、「社内に学びの文化を作りたいから読書会開催のノウハウを教えてほしい」、「自然保護関係の本を使ったワークショップを開いてほしい」という企業の社員の能力を伸ばす人材育成に関する依頼から、「ホテルのロビーが華やかになるように本をレイアウトしてほしい」など、さまざまな依頼が寄せられるようになりました。

現在、ホテル、病院、ブライダル会場、ワイナリーなどがブックコンサルティングを導入し、訪れる人達に居心地のよい空間を提供しています。こちらは「本屋は少なくなっているが、本に親しむ場を広げる」という活動にもなっているそうです。そして、本屋がセレクトする「素敵なシーン」を元に「食」と「ワイン」を繋げて提供する「シーンを味わう」というイベントを定期的にプロデュースしています。これまでも村上春樹の『羊をめぐる冒険』や、映画でもお馴染み角野栄子の『魔女の宅急便』を題材にしました。今後も宮沢賢治『銀河鉄道の夜』など素敵な題材を用意して「美味しい」から読書の素晴らしさを知ってもらう活動にしていくそうです。

初めての活動ばかりで戸惑いもあったそうですが、お客さまから、「ロビーに本があることで、今まで騒がしかった空間が自然と静かになったよ」という言葉をいただいたときに、自分はまだまだ本の持っている可能性や強みを把握しきれていないと宮川店長は感じたそうです。

厳しいといわれている地域書店が、従来の書籍販売だけではなく、「『本の持つ力』をお客さまに合わせた形で提供する」という新しいビジネスを始めたことは、「地方でもまだまだできることはある！」ということを示す明るい事例になると感じました。

▼住んでいるところ、働いているところ、問題のあるところだから覚悟できた

新しく始めた活動は収益に直結するものとそうでないものがあります。よく、「なぜ、そんな面倒くさいことをやるのか？　それで稼げるの？」といった質問もされるとか。

その答えとして宮川店長は「２０１１年の出来事で『住んでいるところ、働いているところ、問題のあるところ』の中心に自分がいることがわかった。だから、地域を巻き込み、自社の利益にもつながり、そして、読書文化を広める活動を同時にしていかなければいけないという覚悟ができた」といいます。

宮川店長の心境の変化を表わすエピソードがあります。２０１３年6月20日に行なわれた、「地域に交流とにぎわいを生み出す図書館の役割」というシンポジウムにパネリストとして招かれ、山梨県立図書館の阿刀田高館長らと図書館について語ったときに、「書店で購入できるものと、図書館のアーカイブというそれぞれの強みを活かしたサービスの切り分けで、一緒に読書活動を盛り上

げていきましょう」と、提言したのです。競合になりそうに見える図書館に対し、パネリストとしての参加を受け入れ、このような発言につながったのは、地域での春光堂の役割を再認識した結果でしょう。また、これをきっかけにして、東京の「街の書店と図書館の連携を考える」シンポジウムに招かれ、片山善博前総務大臣や阿刀田高県立図書館長と登壇。討論会では「互いの特徴を生かす役割分担を進めること」を提案しました。出版社、図書館、取次、本屋、それらの関係業者、行政、マスコミ、学識者、利用者といった200人を超える参加者を前に自らの意見をぶつけ、討論できたことは「大きな収穫で、これを糧にさらに書店に磨きをかけて、図書館とも連携しながら、読書を通した地域づくりを甲府や山梨に還元していきたい」と熱く語っています。

▼厳しい状況は日本の未来を先取りしている!

確かに近年の春光堂は不平不満を言いたくなるような状況に置かれています。ただ、そういった状況にはチャンスがないかといわれるとそうではないようです。

「恐怖が自分自身の視野を狭くしているだけでした」と、宮川店長。覚悟を持って一歩踏み出してみると、地域にはたくさんの面白い人がいて、その人たちとふれ合うことで価値観も変わってくる。それと同時に、本の価値がこんなにもたくさんあることを交流の中で学んだそうです。100年の伝統があるにしても、まだまだ勉強の日々だといいます。

厳しい状況だからこそ自分に向き合える、そして、「日本の未来がかかっている最先端の地に生

東京で開かれたシンポジウムの様子

きている」と捉えれば、どんな場所にいても前向きに取り組めるのではないでしょうか？　逆襲をしてみたいと思いませんか？

今では、「読書は自らの人生や広い世界について考え、生きる力を大いに増やしてくれる。そんなことを地域に広めるためにも活動を拡大していきたい。いつかは山梨が読書王国と呼ばれたら嬉しいですね。そして、あの厳しい環境の春光堂にも何かを生み出せたのだから、『自分もやってみよう！』と思ってもらえたら最高ですね」と宮川店長は語っています。

※宮川大輔　春光堂書店 専務取締役
1974年甲府市生まれ。甲府第一高校、静岡大学を卒業後、広告代理店を経て、2005年より甲府中心街の春光堂書店に勤務。4代目にあたる。D&DEPARTMENT YAMANASHI、フルーツパーク富士屋ホテル、機山洋酒工業テイスティングルーム、湯村歯科医院など本棚の選書

に携わり順次拡大している。読書関連のイベントの開催、企業や大学などのワークショップの設計や人材育成の選書サービス、地域の読書環境をつくるための講演やシンポジウムにも多数参加。朝の勉強会「得々三文会」の運営にも携わる。活動の様子はYOUTUBEでも見られる。http://youtu.be /qAFpu2_YN_4

2 早朝勉強会「得々三文会」の逆襲
早起きは三文の得(徳)!

三浦えつ子

さて、次なる逆襲。キーワードは「早朝から熱い人々」。

「逆襲するためには視野&繋がりの広がりが必要です」。ナルホド、説得力あるフレーズです。発言者は、甲府市で開かれている早朝勉強会「得々三文会」の主催メンバーのひとり、風間正利さん。

風間さんは笛吹市(旧御坂町)生まれ。東京の大学院を修了後山梨に戻り、社会人経験がないまま、2013年2月、山梨市におせっかいをするまちづくり会社「株式会社おせっ甲斐」を設立しました。

山梨県で生きていくことを決めた若者の決断を後押ししたのは「得々三文会」の運営経験だといいます。

「たくさんの面白い人が山梨県にはいます。多様な視点を持つ人たちと触れ合うことで自分自身の行動も変化することを知ってほしくて、この取材を受けました。読者の皆さんにとっての逆襲、その参考になればとてもうれしいです」。27歳の率直な思いです。

では、ご紹介いたしましょう。

▼都内の朝食会「三文会」がきっかけ、甲府に「得々三文会」が誕生

得々三文会のコンセプトは「視野と繋がりを少し広げてから職場へ行こう!!」、毎週火曜日、朝7時から甲府市中心街のカフェで開催しています。誰もが気にかかる身近なテーマを話し合い、地域で頑張っている人や団体の紹介を通して、視野と繋がりを広げていける場所を目指しています。「早起きは三文の得（徳）」の言葉通り、朝の時間を有意義に使うのです。２０１１年7月にスタート、現在では１４０回を超え、毎回30人ほどが参加する勉強会に成長しました、

風間さんは大学院時代、朝食勉強会「三文会」※1に運営参加した経験の持ち主です。三文会は毎週水曜日、朝7時30分から東京大学本郷キャンパス正門前のカフェ「モンテベルデ」で行なわれています。ボリュームある朝食をとりながら、学生や社会人が趣味、研究、仕事、地域活動などについて発表します。

ある外資系コンサルタントの男性の発表テーマは「オトコの靴の嗜み方〜選び方から磨き方まで〜」。コンサルタント独特の、シチュエーション分けを示した資料を使い、参加者の多くが意外なきづきを得たとか。メディアを学んでいる学生は「書体—文書の見栄えを『ちょこっと』よくする

朝から熱くプレゼン中の風間さん

ために」というテーマで発表。そこに参加することで、「そんなところに、そんなに熱いこだわりを持っている人がいるのか」と普段は触れることのない分野についての驚きや学びが得られるのです。

「発表を聞いた後で議論が昼まで盛り上がったり、そのまま参加された方の職場に連れていってもらったりと、三文会で貴重な体験ができました」と風間さんは話します。

▼「得々三文会」進化中

将来的に実家のブドウ農家を継ぐことを考えた風間さん。大学院修了後は山梨大学大学院でブドウの研究をするために山梨県に戻りました。「山梨で朝会を」と考え、縁ある甲府市議会議員の神山玄太さんに提案。神山さんは快諾してくれ、開催に向けて動き出したのです。

山梨県ではどのような朝会が行なわれているのか、インターネット検索で知った「得々クラブ朝の会」に神山さんとともに参加。開催場所の甲府駅南口のスターバックスに行くと、そこには春光堂の宮川大輔店長（前項目で紹介）が。ひとりでコーヒーを飲みながら読書をしていたとか。

「いやぁ、ここのところ参加者がいなくて。でも、誰もいなくなると会が途切れちゃうから、とりあえず来て、誰もいなければ読書の時間です。岡島百貨店勤務の反田亘昭さんと2人でこの会を継続しています」と、宮川さん。

それは風間さんにとって貴重な情報でした。「得々クラブ朝の会」の熱意ある人生の先輩に出会えたのです。そして「早起きは三文の得（徳）」をドッキングさせた「得々三文会」がスタートしました。

「このとき、山梨大学大学院の青木是直さんも協力してくださって、青木・神山・反田・宮川・風間、5人の運営メンバーが揃いました」

第1回の開催は2011年7月26日。テーマは「読書の再発見！〜様々な本の楽しみ方〜」（発表者は春光堂・宮川店長）でした。

当初は、運営メンバーの知り合いのみの7、8人の参加だったそうですが、facebookで募集を呼びかけ、回を重ねると少しずつ参加者が増えました。開催場所もスペースにゆとりがある甲府市中心街のカフェに変わり、現在では、1週ごとにカフェを変え、4つのカフェで開催中です。

「最近では山梨大学の宮川楓さんが司会を担当してくれ、運営メンバーにも変化があります」

朝会は進化中です。そうした中、富士吉田市から参加の堀内潤一さんが「富士山ごえん会」[※2]をスタート（次項目参照）。また、東京の「三文会」、富士吉田市の「富士山ごえん会」とのコラボレーションが起きたり、得々三文会体操やスタンディングオベーションなど独自の文化が生まれたり、身延町、富士吉田市、甲州市など山梨県内各地からの参加者が増えて、開催カフェの常連になったり、着実に「明るい動き」があるようです。

▼生トーク、その熱い想いに触発される

運営の醍醐味は？　その問いかけに「なぜ、今この時代に、この人は、山梨県でその活動をするのか？　その問いに対する発表者の想いを聞けること」と風間さんはいいます。

「たとえば、『バス小瀬』。ヴァンフォーレ甲府の試合当日、甲府駅から小瀬のサッカースタジアム間を走る臨時バスを楽しい空間にしようという活動を立ち上げた人がいます。概要は、①選手の情報、山梨県の歴史、試合後に楽しめるグルメ情報などが入った手作りの「バス小瀬新聞」を配る、②バス乗り場周辺の清掃、③来県の相手サポーターに暖かい言葉をかける、などです。ヴァンフォーレ甲府、そして山梨県を好きになってもらう活動を10年以上ボランティアで継続しているのです。

きっかけは、当時最下位の常連だったヴァンフォーレ甲府の試合に初めて行ったときに甲府が大勝、『これは運命かもしれない！』と思い、ヴァンフォーレ甲府ファンになったから。その後、

初期の得々三文会（上）と現在の得々三文会（下）の様子

チームの存続問題などが起き、自分ができる応援の仕方はなにかと考え、バス小瀬の活動を始めたそうです。

『よくまぁ、10年もボランティアをするよなぁ』と思った参加者も多かったはずです。しかし、立ち上げ時の想いや種々の困難な出来事、現在に至るまでの想いを直接聞くと、その想いの強さに共感します。実際に『バス小瀬』のお手伝いをする参加者も現われました」

他にも、山好きで山梨県を歩き回る中で山梨県独特の魅力を体感し、引き留められながらも会社を辞めて山梨県に移住して旅行会社を始めた人。野草の魅力に気づき、地域の人たちと山を歩き、取ってきた野草を加工・調理し、地域資源発掘のまちづくりを始めた人。脱サラをしてブドウ農家となり、ブドウづくりについて楽しそうに語る人。カイロプラクティックを実演する人。段ボール会社に勤め、段ボールの魅力を語る人。盆栽と田舎暮らしのすばらしさを熱く語る人。ワインボトルのラッピングをレクチャーする人。多くの発表者が山梨県での生活を楽しみ、自分なりの活動を行なっています。発表者の想いに触発され、活動に参加をする人も確実に増えています。

「近くに住んでいる人だとは知っていたが、そんなことを考えていたとは思わなかった」。これは、多くの参加者の感想だとか。いえてます！　山梨県に限ったことではありませんが、一般人が自分の想いや考えていることを大勢の前で発表する機会は少ないのです。

「山梨県ではインターネットに載っている情報が少なく、発表を聞いて初めてその活動を知る。そういわれる参加者は多いですね」と風間さん。生身の人間の想いを直接聞くことはやはり重要で、直接心に響くものなのです。

山梨県に戻った当初は「刺激が少ないところ」と思っていたそうですが、朝会を始めてからは「面白い人がたくさんいることを、自分が知らなかっただけ」と思い至ったとか。そして、「今この時代に、自分は山梨の地でどのような活動をするのか？」その自問に、自分なりの答えを出したくなったのです。

▼悩みながら起業、朝会で増した自由度

得々三文会に参画する中で、並行して研究していたテーマ「まちづくり」。地場産業・ブドウに関わっていきたいという気持ちが日を追うごとに強くなった風間さん。どうしたら自分の想いを活かせるかと考えながら、人に悩みを打ち明ける生活が続いたそうです。「企業に入って、社会人経験を積んだほうが良い」、「自分で始めたほうが得られるものは多い」という具合で、100人に話を聞くと100通りの反応が返ってきます。結局は「覚悟を決めて後悔のないようにやり抜く」これしかなかった。そして、起業を決意しました。

得々三文会の多くの発表者は「最初は誰にも相手にされなかった」「馬鹿なやつだと思われた」「やっかみがあって大変だった」といわれながらも乗り越えた経験を語ります。そうした体験談に触れたことが「自分もできるところまでやってみよう！」その決断を後押ししてくれたのです。

また、身近なところにさまざまな生き方をしている人がたくさんいるということに気づいた瞬間、

海外でのブドウ栽培の調査の様子。写真上·右端が風間さん。

「本来はもっと自由に生きられるんだ」と、生き方の幅が広がったように感じたそうです。

現在の風間さんは、まちづくりの政策の考案や海外でブドウを栽培するプロジェクトの共同代表など、やりたかったことを少しずつ実現しています。

▼朝時間を活かして、自分の行動を少し変えてみる

起業し、仕事のスタイルや行動範囲に大きな変化があっても、風間さんにとって「得々三文会への参画」は優先事項です。

「朝は便利な時間です。終わりの時間が決まっているため、集中して何かを得ようと頑張ることができます。聞いた話をその日のうちに行動に落とし込みやすいです。そして、『早く起きる』という簡単そうで難しいハードルを越えてくるような、やる気のある人が集まってきます」と強調します。

参加することで、ほんの少しでも視野は広がります。たとえひとりでも仲間ができ、小さな活動をスタートすると数年後には、自分と自分を取り巻く生活環境は大きく変わっているかもしれません。その仲間はきっと身近なところにいるでしょう。

「多くの人が『山梨県で生きる意味』を考え、自分なりに行動を始めたら山梨県はとてつもなく面白い県になるのではないでしょうか？　そのために得々三文会をまずは30年くらい続けていきたいですね」と、【熱く逆襲中】の風間さんなのでした。

※得々三文会
「視野と繋がりを少し広げてから職場へ行こう!!」がコンセプトの早朝勉強会。毎週火曜日7時から8時に甲府市中心街のカフェで開催中。発表者、運営希望者は随時募集していますので、興味のある方はお声がけください。
https://www.facebook.com/tokutokumorning
http://tokutokumorning.blog.fc2.com/

※1　三文会
毎週水曜日朝7時30分から、東京大学本郷キャンパス正門前のカフェ「モンテベルデ」で開催している朝食会。早起きして、いろいろな学生や社会人と意見交換することによって、自分の世界をちょっとずつ広げていけるようなコミュニティを目指しています。ボリュームたっぷりのお弁当も名物になっています。
http://fromy.net/sanmon/

※2　富士山ごえん会
毎週金曜日朝7時から山梨県富士吉田市のカフェで行なわれている早朝勉強会。「夢の発表と、その夢のお手伝いを、その場で行う」という趣旨の元、発表内容は主に夢を語って頂き、一人では実現できない夢を、皆の知

恵と経験と行動力を持ち寄り実現させることを目指しています。
https://www.facebook.com/fujisangoekai

※風間正利
株式会社おせっ甲斐　代表取締役社長
１９８６年、笛吹市（旧御坂町）生まれの27歳。山梨県立日川高校卒業後、法政大学で経営工学の研究、東京大学大学院でまちづくりの研究、山梨大学大学院でブドウの研究を行ない、２０１３年2月に起業。現在、まちづくりの企画作り、企業コンサルティング、海外でのブドウ栽培プロジェクトに取り組み中。
株式会社おせっ甲斐　http://y-osekkai.com/

3 富士山北麓「コミュニティカフェ」からの逆襲

三浦えつ子

三浦はライター業の傍ら、小さなパン焼きサークルを主宰しています。山梨県で盛んな無尽・貯金会（71頁参照）にちょっと刺激され、富士吉田市へ移転した12年前に何か面白い集まりを、と考えたことがきっかけでした。

ただ集まるだけではつまらない、毎回何かしらの「成果物」がなくては。血縁や利害関係のない「一個人」として集い、世相談義（政治家や著名文化人、ムービースターなどは恰好のテーマ。近隣の特定人物の批判はタブー〈ただし、近隣の公人は別〉）をしつつ、私の趣味はパン焼きなので、「成果物」として毎回違ったパンを焼くというもの。2004年に始めた頃は1グループで女子ばかり。

回を重ねて、最近は7グループほどに成長。時折、数人の男子メンバーが加わるようになりました。カップルで参加する男子はほとんどが婚約中（連れられて来られる感あり）。が、たまーに、いるのです。強者女子（おばさま方含む）の中で男子ひとり（当然自主的参加です）。これって辛くない？と思うこともたびたび。そんな環境のパン焼き会で、泰然自若、さらりと持論を展開。夢を語りつつ笑いをとり、周囲をソフトなムードへ導く男子。その人がこの項で紹介する堀内潤一さんです。

▼心豊かなコミュニティを作りたい

自身が運営するカフェで提供するメニューの参考になれば、とパン焼きサークルに気軽に参加する柔軟な思考の持ち主です。「地域を活気ある街にしたい」と起業したのですから、その心根にグッとくるではありませんか。

「高校時代は故郷を出ることばかり考えていた」という青年が長じて、人口・マーケット規模が小さい山梨県東部・北麓地域で、なぜに起業したのか？　起業までの道のりは？　など、探ってみました。

堀内潤一さんは富士吉田市生まれ。高校までを富士吉田市で過ごし、進学で地元を離れました。大学卒業後はアパレル会社に就職し、製造工程管理、販売戦略、企画、など、多分野からなる業界の仕組みを学ぶ機会を得たそうです。またイタリアやアメリカなどへの海外営業も経験。有名企業の経営陣やグローバルに活躍するバイヤーと接し、東京はビジネス世界の中心だと実感。

軽快なフットワークが自慢という堀内潤一さん

そうした中、それまでと違う個人の視点で世界を見たい願望に駆られ、30歳目前でアメリカ・コロラド州ボルダーの大学へ留学。その後は「回り道」したのだから「とことん回り道」しようと、バックパックを背負って中南米各国への旅を決意。ボルダーを離れる際に車を売って得た6000ドルを軍資金に、行けるところまで行ってみようと思い立ちました。

ブラジルを皮切りにパナマ運河を経由しメキシコまで、一年以上の旅暮らし。行かなかった国はコロンビアだけだったとか。移動交通手段のほとんどは乗り合いバス。一番堪えたのはニカラグアのバスでした。

「アメリカの映画でよく見るような、黄色のスクールバスをイメージしてください。シートは木。サスペンションがスカスカです。しかも、アメリカでは30年前に廃車にするようなバスです。そのバスで、真っ暗なダート道を、一昼夜移動した時には、このまま身体がおかしくなってしまうのではないかと思いました。でも隣にかわいいオランダ人の女の子がいたので、なんとか乗りきれました」と明るく笑いながら話します。

堀内さんはこれらの体験で大きな「人生の糧となる無形資産」を得ました。

「当時知り合った留学生、旅行者、現地の人々は、例外なく自分の国と故郷を自慢していました。郷土を愛する心です。どんなに小さな国でも、どんなに小さな村、たとえば、湖に葦を浮かべた50人の村の子どもでも、自慢するのです。

母国、日本は……。世界でも指折りの経済大国で、全国的に整備された生活インフラ、清潔、安全、便利、あらゆるモノがあふれ、女性は綺麗でやさしい。そんな恵まれた国なのに、多くの人はそれを口にしません。だけど、私はこれまで出会った諸国の人のように、自分の故郷を胸張って誇らしく自慢したい。物質的ではなく、心豊かなコミュニティを作りたい、それが、起業の動機です」

▼ここにしかない「ローカルの価値」を発見、発信

自分が生まれ育った地域を活気ある街にしたい。それぞれが心に秘めた地元への誇りをアイデア化して形にしていこう、その思いで富士吉田市に戻った堀内さん。しばらくは不動産関連企業に勤務し、地域の経済動向を肌身で感じ取り、人的ネットワーク構築に努めます。

富士吉田市下吉田地区にある Jun & company

「Jun & Company」を起業したのは2012年3月。

7月には富士吉田市の月江寺駅近くに事務所兼カフェ「Junpelli cafe」をオープンしました。

企業理念をわかりやすく平易な言葉で話す堀内さん。

「富士山麓地域、山梨県および日本に生まれたことに誇り（Identity）がもてる＝活気があり、生活するのが楽しいコミュニティ作りを応援します。それを実現するため、出来るお手伝いなら何でも実行していく会社です」

具体的に紹介しましょう。

【1】不動産

富士吉田市月江寺商店街地区の空き店舗と、元気のある出店者とのマッチングを積極的に行ない、活気と特色ある商店街の実現を目指します。結果として、地域の人々や旅行客が楽しめる場を創出し、地元経済が潤うような仕組みを考えていきます。

リゾート物件は、単に取り引きをするだけでなく、知識や経験豊富で経済的にも豊かな都会のオーナーの皆さまと地元の人々とのふれあいの場を設けることにより、新たな化学変化を期待します。それによって、オーナーの皆さまにはニーズにかなったリゾート環境を提供できるように、地元の人々には彼らが持つ知識、経験、資本、事業機会、コネクションなどを結びつけウィン―ウィンの関係を築きます。

また、住み慣れた家、生まれ育った思い入れのある場所などを手放す方、物件をお求めになる方に、その物件の持つ物語を大切につなげていきます。

【2】英語スクール

海外営業（イタリア、アメリカ）、大学留学、バックパックを背負って中南米の旅、英語講師の経験を基に、どうやったら楽しく外国の言語や文化などを学べるかを教えます。その結果として、地域コミュニティ全体が外国人旅行者に積極的に話しかけ、富士山麓地域の良さをアピールできるような人々の集まりにしていきます。最終的には国内外問わず何度も足を運んでいただけるような、おもてなしの心をもった観光地を目指します。

【3】ハーブティーカフェ（コミュニティカフェ）

完全無農薬有機野菜やハーブと共に暮らす楽しい生活、空間を提案していきます。カフェでは、

人気の工房・七丸の器。山梨県産古木の工芸・実用品。

ご自分のお好みのハーブを摘んで頂いて、富士山の水と共に召し上がっていただきます。

また、コミュニティカフェとして

◎人と人が交差する自由な空間

◎あらゆる情報の交差する場所

◎人的ネットワークを広げられる場所

◎もっと素敵な生き方にチャレンジするきっかけになる場所

そうなるようなしくみとしかけを創造していきます。

【4】Space rent（作家支援、各種講習開講）

富士山麓に暮らすクリエーターを応援します。具体的には、自分のお店はもてないけれど、制作した作品を販売してみたい、沢山の人に自分の商品を紹介したい、織物と陶芸、絵画と手芸など違う作家とコラボレーションした作品を作ってみたい、そうした思いを実現します。

また、自分で家具を作りたい、男性でも料理を習いたい、磨いた技術を伝えたいなど、学びたいことと教えたいことをマッチングして、その気持ちを形にします。

【5】有機野菜販売、加工品販売（特産物開発）

野菜づくりの楽しさ、どうやったら野菜に付加価値をつけられるのかなど、ワクワクするような提案をしていきます。また、富士山北麓の寒冷地でも生産できるような特産物も開発していきます。

【6】観光業、繊維業の掘り起こし

富士山麓地域に多くの観光客が訪れる素敵な環境になるように、コミュニティ全体が元気で、豊かな心がもてるような提案をしていきます。

また、アパレル会社で企画、海外営業の仕事をしていた経験から、クリエーター達が思いをこめて制作した作品を積極的に、海外、国内を問わず紹介していきます。

具体策の一つひとつを見ると、いずれも行政、NPO組織、各業界団体、企業などはすでに手掛けています。しかし、前述のすべてに縦横自在・軽快なフットワークで対応できる存在はいません。仕事抜きで「横のつながり」を大切に、いろいろな人たちと付き合い続ける中で、眠った「資源」に気付かされることがあるとか。

「すぐ近くにあるのに見過ごしているものがあります。この地域にしかないローカルの価値を発信していきます」。賑わう都会をただ模倣するだけ、それはやめよう、そんな思いが堀内さんの「逆襲」の根幹にあるのです。

▼朝会「富士山ごえん会」からの「発芽」を大切に

起業当初から考えていたのはコミュニティカフェを拠点とした「夢を語る会」の開催でした。実現のきっかけは、知人から誘われて参加した甲府市の中心街で開催されていた「得々三文会（前項目参照）」。

会場に入った瞬間、とても熱気が溢れていて、これだ！と思ったとか。翌月（2012年10月）には富士吉田市で「富士山五文会」を立ち上げました。現在は「富士山ごえん会」として継続しています。「ごえん」には、以下の5つの意味が込められています。

1．早起きは三文の得といわれますが、きっと、もう二文は得するだろうと考えて、当初は「五文会」だったとか。それが、あるセミナーで出会った県の職員が「堀内さん、この五文会は、五文どころか、五円は得しますよ」と発言したことにヒントを得て、五文をデノミして「五円」2．知り合った「ご縁」が続きますように　3．櫻の園の「園」　4．円周のように地域がつながるように「円」　5．富士五湖地方の「五」

週1回、出勤前の1時間（7〜8時）、毎回語られるのは夢、そして地域を元気にする活動報告。「ごえん会」は経験豊かな事業家や行政マン、議員、商店主、商工会、報道関係者などから、大学生や高校生まで広く受け入れています。国際会議のプレゼンテーションかと思うほどの充実した発表があるかと思えば、超カジュアルなご近所のお宝トークもあります。

「発言することを評価し、支援したいと思います。参加者からの質問や提言にもたくさんのヒントがあって、そこから『発芽』することも。また、語られた夢が地域のためになると判断したら、その場でプロジェクト化します。何のしがらみもなく即決できるJun&Companyが、プロジェクト実現に向けてお手伝いしていきます」

▼心が動く、多様なテーマ

２０１２年10月から継続して開催している「富士山ごえん会」は、すでに80回を超えています。すべてのプロデュースを手掛けるのは堀内さん。エネルギッシュ！ 毎回、20数名が参加。甲府市の「得々三文会」のメンバーとの交流も活発です。季節によっては開催場所をアウトドアや地域の外部会場に移しエクササイズなども。

主宰者・堀内さんの「心豊かなコミュニティ作り」を皮切りに、以降は多様なテーマが発表されています。

個人的趣味を承知の上で、心惹かれるテーマを以下に紹介いたしましょう。

●富士山の環境を良くするためと世界遺産にするために、アプト式登山電車に変える

●富士吉田市・西裏発　さまざまなイベントで地域に笑顔と元気を

●甲斐絹とグンナイ織物産業

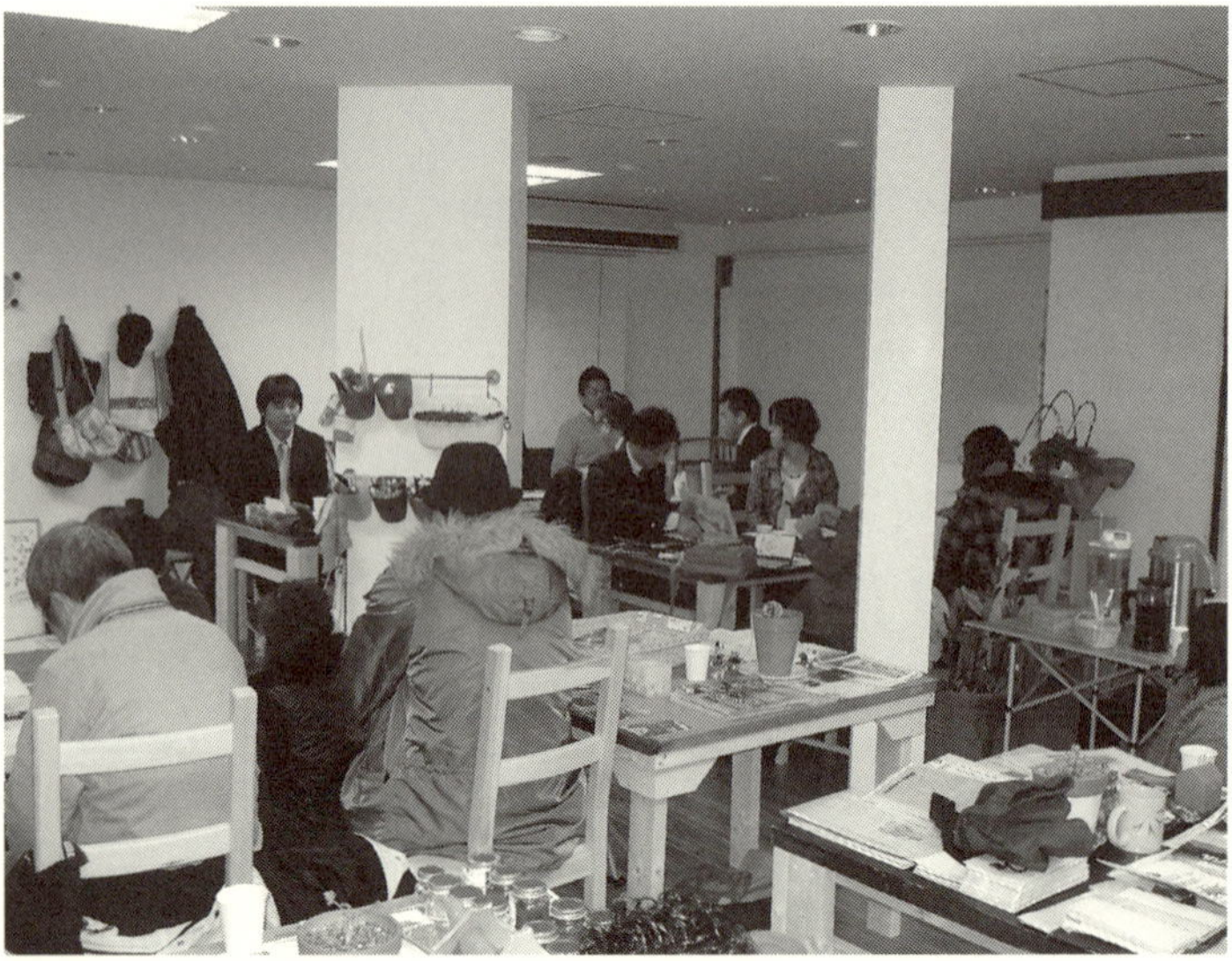

冨士山ごえん会の様子

●富士北麓でVF甲府の試合を開催しよう！
●地域をつなぐエンターテインメントの可能性
●厳しい時代を個人商店が生き残って行くために、おもてなしとは
●富士山をバックに芝生で朝ヨガ
●富士山世界文化遺産登録後に、起こりうる課題と解決策
●外国人旅行者の対応状況と課題について
●大学生観光まちづくりコンテストを終えてなどなど。いかがですか？　未来にあかりが見える（ような）気がしませんか？

▼「山梨丸」で世界を目指そう！

「山梨の遊休耕作放棄地は全国でワーストレベル、駅を中心とする商店街はどこもシャッター街です。裏を返せば、耕し甲斐があるというこ

とです」と、どこまでもポジティブな堀内さん。

東京に隣接していても、何年も前からこうした状態は続いています。もちろん、行政も市民有志も何とかしようと長い間取り組んでいます。きっと、知識もノウハウも蓄積されてきていることでしょう。少子化が進む日本では、大都市といわれる場所ですら、間違いなく同じ現状が起きてきます。

「いち早く過疎化が起き、それを解決しようと、努力してきた山梨県の知恵、経験、努力に脚光を当てたいと思っています。経済規模も人口もちっぽけな山梨県。『小さな山梨丸』で世界に挑もう！といいたいです。世界から見ればちっぽけな島国の日本の首都東京。いつまでも、そんなものに憧れと、コンプレックスをいだいていないで、世界を目指そう！と伝えたいです。

この土地で、都会ではできない、あるいは都会にはない環境下で、人々が心豊かに暮らし、毎日活力のある生き方が出来るコミュニティを、皆さんと共に作り上げていきたいと強く思っています。そして、子ども達や孫の代になって、彼らが自分の生まれ育った土地を胸張って紹介できるような、そんな環境を作り上げていきたい。それが、私たち世代の『逆襲』でしょう」

堀内さんの【逆襲熱】、確実に地域に浸透しています。

※Jun & Company
代表：堀内潤一
住所：〒403—0004　山梨県富士吉田市下吉田3—20—28
☎：0555-75-1308
※不定休
Mail：junandcompany@fgo.jp

第６章

山梨の逆襲人座談会 離れて俯瞰するわが郷土。だから、山梨に暮らしてヨカッタ

おれ、天下取れんかったけんどそれで良かったのかもね。

自虐的思考が強くて内気な山梨県民（と、超キメッケ）。世界に冠たる富士山や戦国武将・武田信玄公の歴史を誇りながら、残念ながら山梨県は知名度が低いのです。

しかし、しかし、最終章です。わが郷土のよいところをしっかりしゃべってもらおうと、（取材のついでに）突如始まった座談会。事前打ち合わせはいっさいなし。思いつき話ばかり。全員県外暮らしの経験者。冷静と情熱の狭間で、ちょっと放言。読者の皆さま、しばしのお付き合いを。

宮川　大輔（春光堂書店・店長／甲府市在住）
風間　正利（株式会社おせっ甲斐・代表取締役／笛吹市在住）
五緒川　津平太（甲州弁愛好家／南アルプス市在住）
三浦　えつ子（フリーライター／富士吉田市在住）

▼山岳、湧水、陽光豊か　ほどよい（？）自然環境に恵まれて

●三浦　まず、県都・甲府に暮らす宮川さんから。環境、景観などお好きなところ、いかがですか？

●宮川　エッ！　いきなりきましたね（笑）。地元の風景というか景色、景観が好きです。都市空間と甲斐駒ヶ岳や南アルプスなどの山岳眺望が調和して美しく雄大です。

甲府の市街地は東西に走るＪＲ中央本線を境として南北に、戦国時代に形成された古府中と江戸

時代に形成された新府中とに分けられますが、それらの時代に生きた人々も、きっとこの景観を好んだような気がしてなりません。戦国時代から地続きに生きている感じもします。

●**三浦**　甲府盆地を囲む山岳景観は、武田節で唄われる♪甲斐の山々……が胸にストンと落ちる風景ですから、お気持ちよくわかります。私、富士吉田から御坂峠を超えてここに来ました。ついさっきのこと。だから、臨場感あり！　賛同します。

●**五緒川**　東京に近い割に田舎ってところが良いですね。アッ、いけない、また中央を向いてしまった（笑）。中途半端な自然が魅力なんです。北海道、沖縄、離島などの大自然ではなく、中自然、手軽な自然が身近にあるところが好ましいですよ。

●**三浦**　まっ、富士山北麓は手軽な自然じゃないですよ。厳しい自然です。冬の寒さったらない。札幌より寒いです、って、これ住宅設備の事情にもよるので、個人差があることですが。私、どこにいっても北麓の極寒ぶりを話すのが習慣になってますので、50％割引で聞いてくださいね。

●**宮川**　ハハハ、北麓は寒いでしょうね。甲府盆地の酷暑とどちらがきついか！　何ともいえません。地域にもよりますが、山梨県全体で見ると確かに中途半端な自然ですね（笑）。大自然の中に埋もれてしまうと、実生活は不便でしょうし、ちょうどよい環境ですよね。

●**風間**　最近、学生時代の先輩や友人たちが訪ねてきてくれることが増え、県内を案内する機会がたびたびあります。名所旧跡はもちろんですが、ワイナリー、自然食レストラン、温泉、山々を巡ります。ちょっとツアーコンダクターみたいですけど、友人たちと一緒に観光客気分で眺めると、地元の面白さや魅力を再認識できます。それまで、特に意識していませんでしたが、他者によっていろんな気付きを与えられるというか、足もとのよさを発見できる。「青い鳥」現象です。喜ばれると、「俺って、いいところに住んでいるんだぁ」と思いますね。

●五緒川　うん、そうです。あります、あります。ほかの地域の人から指摘されて気付く地域のよし悪し。ぼくの場合は鎌倉育ちの嫁さんから指摘されてます。

●風間　そういえば、県外の友人からは「水がうまい」という声が多いですよ。

●三浦　水、美味しいですよねぇ。北麓エリアは富士山の恵みなのでしょうが、夏でも水道水が冷たいです。五緒川さんがお住まいの南アルプス市はいかがですか。

●五緒川　確かに、うまい水に恵まれています。山梨県はミネラルウォーターの生産量日本一ですしね。

●宮川　飲料水だけでなく、水の総量といいますが、山梨県はダムや河川設備も優れていますよね。信玄堤の歴史もある土地柄だからでしょうね。確か、本書でも触れていますよね（42頁参照）。

●五緒川　ええ書きましたよ。信玄さん、アンタはエライ！って（笑）。

●風間　水にとても恵まれているからでしょうか。それが当たり前になっているような気もします。富士山周辺の湧水地のいくつかは枯渇していると指摘する声もありますね。

●三浦　そうなんです。その件については富士山学で知られる渡辺豊博先生（都留文科大学教授）が書いておられます。

渡辺先生はフィールドワークも熱心な方で、ご自分の足で実地調査をされているそうです。150箇所の富士山周辺湧水地を確認されたとか。その多くは現存するものの、草に覆われてヘドロが滞積し水神さまも朽ちている箇所もあるそうです。林業者や農業者の高齢化で水源林が放置され、森づくりは停滞し、企業による宅地開発や水源林の集中伐採も進んでいる。そういう現状への警鐘でしょうね。

富士山は巨大な水瓶、それに甘えているだけではいけません。山梨県に限ったことではないでしょうが、水の豊かさを誇るためには、水源に思いを運ぶことも大事ですよね。……ちょっと社会派ぶっちゃいました。

●**五緒川**　いやいや、水は国家的な資源ですよ。水と石油1リットルあたりの金額を比較してみたら、水のほうが高い！ですもん。て、単純すぎますか。

●**宮川**　いいですねぇ。その比較。水は命に直結します。皆さん、大事に大切に使いましょう。ところで、私は街中に暮らしてますが、郊外や山間部に住む友人などは、本業の他に畑仕事にも熱心。家の裏が畑で、採れたての野菜をそのまま食卓へ、という都会の人が夢見る暮らしを実践しています。よく成果物をもらい受けます。

●**風間**　自家消費しきれなくて配るのが大変だ、という声もよく聞きますが、周囲にお裾分けする文化が残っているのは豊かな感じがしますね。

●**宮川**　そうなのです。その土地、風土に合った暮らし方がいいのですよ。都会の暮らしをモデルにしてはいけません（笑）。

●五緒川　ぼくは米を作ったり、多少の野菜も作っていますが、季節によっては本業を圧迫するほど、農作業は体力的にはキツイ。けど、不思議とストレスにはならないのです。

●三浦　農作業にあこがれるけど、知識や技術の持ち合わせがない私でも、わかるような気がします。人は自然の一部なんですね。

●宮川　山梨県に暮らす人の多くは、都心と比べたら居住スペースにある程度のゆとりがあります。食糧難の時代がきたら、その辺を耕して畑にできます。生きる力って、ある程度の自然がないと育まれないでしょう。その点、山梨県民は強い。そう考えましょう（笑）。

●風間　大企業に就職した友人が一緒に飲んだときに、こぼしてました。彼はあるプロジェクトを進めるための調整役を担当しているそうで、各部署間でのセクショナリズムに苦労している。その仕事は会社にとっては有意義かもしれないけれど、個人的には、その調整能力だけで生きていけるかと、考えてしまうそうです。大企業に勤める人も会社になにかあったらと考えてしまう時代なんでしょうね。試行錯誤している自分を見て、お前はなにかあってもしぶとく生きていけそうでいいなと真面目な顔で言われました（笑）。

これからの時代、大企業といえどもサバイバルは容易ではありません。そのため、たとえ規模は小さくても、リスクを取って、自分の目指すべき方向を自分で決めながら生きていくことがより大切になるのではと思っています。

●来店客　おや、面白そうな話してるじゃんね。何？　山梨県の好きなところ？　よおく陽が当たるじゃん。お天道さまはありがたいさ（そういって、さっとレジへ。そのままお帰りになられた年配女性のご発言。宮川店長に聞いたところ、常連のお客さまではないらしい）。

●風間　そういえば、日照時間日本一でしたよね。北杜市の明野辺り。ひまわり畑のイメージが強い。夏はギラギラ。それにしても、「お天道さま」って表現、良いですね。太陽を敬愛している感じがします。

●三浦　山、水、太陽……うーん、ステキです。山梨県は恵まれてます、ってことで。ポジティブ思考でいきましょう。

▼無縁化社会とはまだ無縁、新しい形の地域コミュニティ

●三浦　私、出身は北麓エリアでも都内暮らしが長かったので、富士吉田市民になって12年です。転居して驚いたのは、地域防災や文化教室・スポーツ振興・シニアクラブなどの多様な地域コミュニティ（自治会）の活動です。

引っ越して最初に訪ねてきたのはＮＨＫの受信料担当の人（笑）で、やるねぇ〜、さすがＮＨＫって思いました。次に自治会の役員をされていた方。ていねいに自治会費や活動内容の説明をしていただいたのを憶えてます。

例えば、ゴミステーション（ゴミ集積場所）は当番を決めて、お掃除しています。個人的には、

そうすることで清潔さを保てるのだと思います。が、その一方で、コミュニティ以外の人はゴミも出せないのか、という他人事ながら、ちょっと疎外感も感じて、忸怩たる思いが。

●宮川　なるほど。地元意識の強い住宅地にはあることですね。甲府市中心部のそれも商店街に位置するうちとは事情が違いますね。

この辺では昔ほどの地域の結束感は少なくなりました。けれども、地域に縛られず新しい形での交流会は増えていますね。例えば今回取り上げていただいた「得々三文会」(174頁参照)もそうですが、いろんなスタイルの会合がありますよね。皆さん、2つ3つは何らかの会にかかわっていて、ゆるやかにつながっているというような気がします。

●三浦　それ、山梨県で現在まで続いている「無尽文化」も背景にあるような気がします。無尽に関しては本書でも紹介していますが(71頁参照)、心地よく無尽に参加し続けている人は健康長寿を保てるというデータがあるそうです。もちろん、強制された参加はストレスにつながるでしょうが。

楽しく集まることで助け合えるし、触発し合える。わいわいとお喋りするのは、面白さやも空気感も格別です。例えば、ちょっとおしゃれしたときに「あれぇ！　いいじゃんね。よく似せてる」、私の甲州弁は下手ですけど。そんなひと言で、気持ちはあがります。これって、年齢を問わないでしょう。

●五緒川　まぁ、そうですね。せっかくの服も着ていくところがないと、淋しいもんですよ(笑)。もっとも、ある程度の年齢にならないと、忙しくて地域活動や趣味のサークルに参加できないという現実もあります。自治会は元気なお年寄りパワーが頼りかもしれません。

●**宮川**　それはどこも同じでしょう。他県から移住された人たちなど無尽に興味を持つらしく、それらしい集まりを立ち上げて楽しんでいるようです。新規立ち上げは簡単ですけど、すでにある無尽に参入するのは難しいケースもあるらしい。排他的な県民性なのか、保守的というか、すでに出来上がっている仲間を守るという側面もあるのかもしれませんね。

●**風間**　保守……確かに強い土地柄ですね。それにしても無尽は情報力の強力な装置です。あなどれないです。疎遠になった同級生の消息を母親のほうが知っていたりして（笑）。他県の友人から「無尽って何？」と聞かれると、大人のサークル活動みたいなものと答えています。

全国チェーンの飲食店は別として、「無尽承ります」の看板や手書きメッセージのポスターが貼ってあるお店、多いですよね。月に何回かの無尽を引き受けると経営が成り立つ店もありそう（笑）。

●**五緒川**　無尽会といっても、昔のように各家庭持ちまわりでごちそうを作った寄り合い形式はすっかりなくなり、今どきは外で楽しい食事会が多いでしょう。それと関係あるかどうか、1章でも発言していますが、甲府市内には寿司屋が多い。で、意外と美味しい。確かマグロ消費量が日本一ですよね。

●**宮川**　そうなんですよ。寿司屋さん、多いです。それぞれに固定客がついているらしく、繁盛しているようです。

●三浦　海がないから鮮魚はごちそう！　海がないからこそ、お寿司が美味しい、って、ことにしておきましょう。

▼ラッシュの混雑や渋滞はなし！　だから、暮らしやすい

●宮川　人口が少ないのは、生活者にとってメリットもあります。人口密度も低い山梨県はゴチャゴチャしていないし、熱気はないけど、清涼感がある（笑）。ハイシーズンの観光地は別として、渋滞がないですよね。

●三浦　都内の慢性的な渋滞、通勤ラッシュの混雑、肩と肩がぶつかり合って歩く繁華街、大多数の山梨県民は苦手でしょう。私は慣れてはいますが、いまや、混沌とした都会で暮らす気持ち、ないですね。山、特に間近に富士山が見えないと安心できない体質になってしまいました（笑）。

●五緒川　日頃特に意識していなくても、山に囲まれていないと落ち着かない県民は多いですよ（笑）。

●風間　暮らしの拠点を山梨に置いて、ときおり都会へ出向くという仕事のスタイルがいいですよね。

●三浦　あら、私、そのスタイルです。うーん、多くの方の理想を先取りしたかしら（笑）。ま、都市と山麓のいいとこ取りしながら暮らしてます。でも、それはフリーランサーだからできることなのかも。そして、ライター業の私は、ウエブをはじめとする通信環境の劇的な変化というか進化

で、取材や打ち合わせに出向く以外は都心でなくても仕事ができるようになりました。もっとも会社員でも近年は在宅ワークシステムを導入している企業も増えていますから、暮らしの選択肢は増えていきそうです。

●五緒川　東京だと通勤に1時間以上かけるのは珍しくない。いたって普通ですよね。山梨県内では1時間はすごく長いと感じるでしょう。多くは30分くらいの通勤時間じゃないですか。しかも自家用車。企業、商店、コンビニや居酒屋まで、駐車用の広いスペースを確保してます！

●風間　駐車場の広さには、都内の友人は皆驚きますね（笑）。車といえば、山梨県人は運転が荒っぽいって指摘されることありませんか？

●三浦　自分は運転下手を自覚していますから、荒っぽいのは慣れた運転上手な人という印象があります。けど、右折優先？黄信号はすすめ！とか、山梨独特ルールがある、なんてことも聞きますね。

●五緒川　ああ、最近は少なくなったと思いますが、右折優先はひと頃よくいわれましたね。それって、双方あうんの呼吸でうまくいくときは良いんですよ。って、こんなこと言っていいか？

●宮川　いいんじゃないですか。昔のことですから（笑）。ところで、山梨県では中小企業の社長が多いのです。大都市だと埋もれてしまう起業家が、人と人との繋がりが強いから何かあると押し上げられて注目される、そういう点でモチベーションも上がりそうです。

▼山梨のビジネス気質

●**風間**　ぼくも山梨県で起業したので、「求む！　山梨の起業家！」と声を大きくして言えるようになりたいですが、まだまだ試行錯誤です。ただ、マーケットが小さいといわれる山梨県でもがく経験は今後いろいろ活きてきそうです。

●**宮川**　山梨県人は外へ出ると暴れん坊になる気性があるらしいです。ぼくは静岡県内の大学に進学し、そのまま静岡県で就職して数年を過ごしたので、静岡に友人知人がたくさんいます。いろんな場面で経験したことですが、ぼくが山梨県出身とわかると、「この辺は昔甲州商人が来て荒らしたところだ」って（笑）。

その昔の甲州商人はハングリー精神に溢れ、利に聡いところもあったのでしょう。静岡県は全般に気候は温暖だし、平野があって、海もある。東海道の大動脈に立地して、あくせくしなくても商売が成り立つ。のんびりとした性格も培われますよ。どうも甲州商人にはこすっからいところがあった（笑）。

●**五緒川**　そうでしょう、そうでしょう。でも、今や、甲州人は小さくまとまって、ぼくなんか小さなマーケットを対象とした甲州弁で食べてます（笑）。

●**三浦**　そういえば、現代の山梨県人はどちらかといえば、気弱で無愛想ですよね。だから、県知事自ら広報宣伝活動に励んで、富士山はもちろん、ワインやフルーツの販売促進アピール隊長兼おもてなし部長のような役割をかってでている、海外出張もたびたび、なんて声も私の身近ではよく聞きます。

●宮川　最近、「山梨はいい！」って、連呼する県人が多くなった気がします。例えば、北海道や沖縄なんかだと、黙っていても観光客が来るでしょう。山梨は中途半端な観光県だからでしょうか。facebookなどを見ていると、山梨サイコーとか、山梨に住んでうれしいとか。ここまでいうか、って具合です。なんか、アピールがすごい。それが気になりますねぇ。「やまなし、いいね！」って、いわなきゃいけないような空気が醸成されているような気も。

●三浦　もしかして、県庁職員の陰謀？　仕掛け？　それも「逆襲」スタイルでしょうか（笑）。

●風間　アハハ。陰謀説は良いですねぇ。経済的に厳しいから子どもには継がせたくないという農家が増えた時代を経て、現在は農業の新しいビジネス展開が増えてきました。すると、自然が多い山梨県に移り住んだりするケースもあるし、暮らしそのものが面白いよ、と発信する人も増えているかもしれません。

●宮川　なるほどね。他の県も同じなのか、ぼくとしては気になるところです。うーん、ぼくの周囲だけか？

●三浦　山梨県に限ったことではないかもしれませんが、とにかく、博物館や美術館などの文化施設や自然の中の能や狂言などの舞台なども充実しています。しかも、よほどの企画展でもない限り、どこいっても空いている！　博物館好きとしてはうれしくて。大概、学習室みたいなスペースがあって、連日通いたいくらいです。現実にはそんなの無理ですけど。学びたい人には好環境が用意されています。ステキですよ。

●**五緒川**　それ、ぼくもよくわかります。ていねいに対応してくれるし、時としてはうっとうしいくらいに説明してくたりして、利用者としてはとてもありがたいですね。運営する側は経営的諸問題山積でしょうが（笑）。

●**宮川**　世界的なオペラや音楽会、絵画展は首都開催が多いです。どうしても見たければ、出向けばいいんですよね。やっぱり都会のほうが文化的などと、都心偏重主義に陥ることはありません。見方によって首都は「大きな田舎」ですから。

▼悲喜こもごも！　山梨、生活者の実感コメント

●**三浦**　本書の企画段階で、住民意識調査というほどのものではありませんが、簡易な記述式のアンケートを実施しました。562人の方々がご協力くださいました。その中から、いくつかの興味深い記述を紹介したいと思います。まず「**富士北麓エリアは標高が高いので自然と高地トレーニングができる**」と断言した人がいます。思わず笑っちゃったのですが。

●**風間**　それあるかもしれませんよ。もちろん住んでいるだけではトレーニングにはならないでしょう（笑）。ぼくは旧御坂町の出身ですが、御坂町の中でも高低差がかなりありまして、中学校は高いところに住む子たちも一緒になります。東小は上のほうで、西小は下のほう。東小出身者は

マラソン大会で力を発揮してました（笑）。芦川村まで30キロ走るコース。なんか、印象的に憶えています。子どもの頃の記憶って、何かの折りによみがえって個人の判断基準になりますね。正しいかどうかは別（笑）。

●五緒川　そう、自分基準ってありますよ。「来たれアスリート、山梨へ！　心肺機能を高める高地トレーニングの聖地へようこそ」ってセールストーク、どうですか（笑）。

●宮川　誰か科学的に証明してくれるまで待ちましょう。

●三浦　こんなこと申し上げてナンですが、「**富士山の北麓エリアにはゴキブリがいない**」という記述があって。私も実感しています。子どもの頃、テレビコマーシャルでゴキブリ撃退シーンを見るたびに不思議でした。だって、実物を見たことがなかったので。東京で生活して奴に遭遇したとき、CMの意味を心底理解しました。再び北麓エリアで暮らすようになりましたが、まだ一度も会っていません（笑）。これだけ物流が発達しているのだから、荷物にくっついて来そうな気も。もしかして、奴も生息できないほどの極寒地？

●宮川　えっ、そうですか。ゴキブリがいない！　甲府にはいます。

●五緒川　そうかー！　昔はゴキブリを意識したことないけど、最近は南アルプスでもいますね。でも、富士北麓にいないのは衛生的でいいことじゃないですか、ってことにしておきましょう。

●三浦　さて、次。出ました！「**選挙戦がどろどろ**。庶民にまで派閥あり。それまで話していた人が避けるようになる」って。「選挙で自由に投票できない環境があった」とも。オイオイって感じの記述。この方、ご苦労されたのでしょうね。

●風間　地域にもよるでしょうが、昭和の頃はいろいろあったと聞いています。近年はさほどでもないですか（笑）。

●宮川　山梨県に限らないでしょうけど、選挙が生活に直結する人たちにとっては死活問題だったのでしょうね。

●五緒川　浮動票になりたいのに、周囲がそうさせてくれない（笑）。候補者も何者かによって事前調整されるとか（苦笑）。

●三浦　噂の甲州選挙ですね。政治とは距離をおく本書です。これ以上触れるのはやめましょう。ハイ、次です。ちょっとネガティブかな、私の地元・富士吉田の方の記述です。「他県から来ると**『来たりもの』**といわれ、10年は仲間に入れません」ですって。おお、怖い！

●宮川　それは甲府辺りでもありますね。気にしなければいいんですが、日常のことなので、そうもいかない。

●風間　そうですねぇ。70年住んで、孫、ひ孫の代になっても、あそこのお爺は来たりものだから、なんていわれることありますよね。別にのけ者にしてるわけじゃないでしょうが（笑）。

●五緒川　よく聞きますね。個人の家庭の事情に詳しい人が多いですよね。親戚関係だとか。

●三浦　地縁血縁の結びつきは強いですね。「来たりもの」の方々は、狭い世界にとらわれず、気持ちを大きく持ってくださいね。もともとは、皆、「来たりもの」だったのですから。スミマセン！　他人事の発言だったかもしれません。

次です。これ、富士河口湖町の方「ほうとうをごはんと一緒に食べる。つまり、**ほうとうをおかずにごはんを食べる**」。

そして「泊まると数万円もするような景色を毎日普通に見て生活できる」ですって。いいでしょう。
●宮川　「ほうとうかけごはん」って、うまいです（笑）。関西の人がお好み焼きとごはんを組み合わせるのと同じですね。炭水化物の二乗！
●五緒川　観光地に暮らすのを、泊まれば数万円と、とらえるところ、ポジティブ思考ですね。リアリストな側面もあって、書いた人、女性でしょう（笑）。

▼山梨県出身のこの人にありがとう！

●三浦　今回の記述式アンケート調査では「自分に元気や勇気をくれる・山梨県出身の好きな人物」を質問しています。ダントツは**信玄公**（「公」と自然とつけるところに山梨県でいかに慕われているかわかるでしょう、と記述された方あり）。信玄公がトップなのは当然なのかもしれませんが、歴史の範疇でしょう、という気も！
ジャンルは問いませんでしたが、政財界関係の人物はとっても少なかったのです。ただ、**金丸信**氏に関してはその豪腕ぶりにあこがれるという方が多数いました。で、やはりというか、ラインナップはメディアに登場している方々ですね。**林真理子**、**辻村深月**というベストセラー連発作家、落語家・**小遊三**師匠。音楽関係で**レミオロメン**、**フジファブリック**、**ブーム**。スポーツ関係で**中田英寿**、**武藤敬司**、**米満達弘**の各氏。複数記述があった人だけ紹介しました。そうそう、**五緒川**さん、大好き！という方もおられました。さすが、甲州弁普及の功労者ですねぇ。

●**五緒川**　ナンですかねぇ、照れます（笑）。ありがとうございます。ぼくは中田英寿に一票投じます。って、人気投票じゃないですね。彼はけっして技術的に突出して優れたタイプだったわけではないそうです。実績を残したのは気持ちが強くて努力家だったから。その時々に自分が何をやればいいかをわかっていた頭のよい人だと思います。

●**三浦**　中田様って、つい敬称をつけてしまいます。２０１３年には山梨県のブランディング総合プロデューサーに就任されましたね。２００６年の現役引退後は日本文化支援やチャリティー活動をしてこられた。その彼が「山梨の魅力を世界に伝えたい」とお役目を引き受けたのです。ナンと頼もしいこと！

●**風間**　自分は特定の個人でなく**ヴァンフォーレ甲府**というチームですね。山梨県内ではニュース速報で試合結果が流れます。気になります。Ｊ１になってからは特に。心の安静が保てない（笑）。それと、**山梨学院大の駅伝チーム**。正月に楽しみを与えてくれますね。

●**五緒川**　Ｊ２で３年連続最下位、そこから這い上がって、入れ替え戦でようやくＪ１入り。その頃がぼくにとってはヴァンフォーレ熱のピークでした。ついでに言っておきます。山梨県出身のサッカー選手は、最低1シーズンはヴァンフォーレでプレーするというのを義務化してほしいですねぇ。ぼくの小さな願いです。

●三浦　ヴァンフォーレ甲府に関しては「甲府」とついているだけあって、国中の人たちのほうが熱いですね。って、いうと、また北麓のサポーターたちから「そんなことない」という反論が起こりそうですが。

●宮川　ぼくは本屋なのでやはり作家です。中でも**深沢七郎**、好きですね。あんな毒々しく、正体不明というか、怖い話を書けるのは驚異的。全国のセレクトショップなどでも紹介されて、根強いファンがいます。山梨県より他県ですごくリスペクトされている。それも若い人が読んでいる。うれしいですね。

●三浦　地元より全国的に評価されている、という感覚よくわかります。県内に目利きは少ないのか（笑）。でも、そうした評価は必ず地元に還元？されますよね。良いことでしょう。

皆さんにお聞きするだけでなく、私も申し上げないと。思いっきり地元贔屓で、**武藤敬司&米満達弘**のふたりからは確実に活力をもらってます。彼らの本業である、プロレスやレスリングのこと、全然詳しくはないんですけど。武藤さんの顔、好きなのです。ご本人は強面で売りたいんでしょうけど、愛らしいハンサムです。自叙伝など、彼の著書はプロレス音痴の私にも、格闘技への熱意が伝わってとても面白いですね。米満さんは、何たって、山梨県出身者初の金メダリスト（レスリ

左から宮川、風間、三浦、五緒川

ング・フリースタイル66kg級)。2012年8月12日、ロンドンオリンピック最終日。最初はことのすごさがわからなかったんです。だって、すんなりと勝っちゃった感じがして。数秒後、うれしさ爆発しました。私でさえ、こんなにうれしいんだから、ご家族やお友だちはさぞや!

●**風間**　メダリストの誕生は威力ありましたよね。地元出身ってだけで大喜びですよ。わかります。

●**宮川**　最初に登場した信玄公ですが、毎年4月に開催される「信玄公祭り」のスケールからも想像がつくと思いますが、山梨県民は皆、支持するでしょう。今年43回目でした。よみがえる戦国歴史絵巻、というフレーズに偽りはない(笑)。

●**三浦**　世界一のコスプレ!　くだけた表現でスミマセン。信玄公は領内で戦争をしなかったし、江戸時代の甲府は天領でしたよね。家臣も代々甲府に居を構えていたと聞きます。だからこそ、地元の人にとっては「先祖が仕えていた」と愛着を持たれているのでしょうね。

●五緒川　そう。再度言いますね。信玄さん、アンタはエライ！

春光堂書店にて収録

参考文献

●『日本地名大辞典 19 山梨県』（角川書店）
●『日本全国発祥の地事典』（日外アソシエーツ）
●堀内眞『山に暮らす―山梨県の生業と信仰―』（岩田書院）
●清水威『歴史と文学から見た 山梨の県民性』（芙蓉書房）
●齋藤義弘『新編　甲州財閥物語』（山梨新報社）
●武田百合子『富士日記』（中央公論社）
●池上正治『徐福　日中韓をむすんだ『幻』のエリート集団』（原書房）
●萩原光雄編著『山梨県謎解き散歩』（新人物往来社）
●増澤とし子・上野晴郎『保存版 ほうとう 郷土食今昔』（山梨栄養学園 COOK プロカレッジ）
●『甲州食べもの紀行―山国の豊かな食文化―』（山梨県立博物館）
●上野晴郎『ぶどうの国文化館 歴史読本』（勝沼町）
●『富士吉田市 歴史民俗博物館 展示解説』（富士吉田市教育委員会）
●『富嶽人物百景―富士山にゆかりのある人々―』（富士吉田市教育委員会）
●小林君男『甲斐犬の歴史と解説』
●『甲斐犬』（甲斐犬愛護会）
●和田一範『信玄堤　千二百年の系譜と大陸からの潮流』（山梨日日新聞社）

協力

●認定NPO　富士山クラブもりの学校
●山梨県立富士ビジターセンター
●富士吉田商工会議所
●高山織物整理株式会社
●甲州市役所 大和支所
●上野原市役所 経済課
●富士吉田市役所 市民協働推進課
●富士吉田市歴史民俗博物館
●富士登山競走実行委員会
●富士吉田地域おこし協力隊

また、本書執筆にあたり、取材やアンケートにご協力くださった皆さまに感謝申し上げます。

あとがき

なんだか近頃は方言をめぐる状況が変わってきておりまして、「方言ってチャーミング」「方言がしゃべれるなんていいね」みたいな風潮が広まっています。なんと方言がもてはやされているのです。しかし皆さん、この風潮にだまされてはいけません。「方言しゃべる人っておもしろいよねー」てのは実は上から目線の発言なのです。自分が優位に立っているということを表明しているだけなのです。あー、くやしい。だから、逆襲はまだまだ終わらないぞー。（五緒川津平太）

私が郷土・山梨県に贈るキャッチフレーズは「あっぱれ信玄！　お見事富士山！」心の奥底で唱えながら、まとめたのが本書です。自虐的思考に陥りがちなのは小さな山梨県で育ったから？なぁんて思いもわずかながらあったのです。いやー、大きな間違い！　逆襲してみたら、魅力いっぱいなのでした。逆襲の心根には愛があるからか？　実はページの都合でやむなく収録を見送った「逆襲アイテム」や「逆襲人」がたくさん。うーん、もっともっと紹介したいわぁ。そう！　私にとっても、逆襲はまだまだ終わらないのです！　そして、遅筆なわれらにやさしいカツを入れ励ましてくださった、言視舎・杉山尚次さんのご温情に感謝します。（三浦えつ子）

[著者紹介]

五緒川津平太（ごっちょがわ・つっぺえた）

1958年生まれ。南アルプス市在住。甲州弁愛好家。都内デザイン事務所勤務を経て、90年帰郷。月刊マイタウン誌上で「甲州弁でGo!!」を10年間連載し好評を得る。2009年「キャン・ユー・スピーク甲州弁？」、2013年には続編「キャン・ユー・スピーク甲州弁？2」を出版。山梨県内でベストセラーとなる。忘れられつつある甲州弁の発掘・リサーチ・普及につとめ、執筆や講演でも活躍中。

三浦えつ子（みうら・えつこ）

1958年生まれ。フリーライター。都内の広告代理店勤務を経てフリーランスに。企業情報誌、web.コンテンツ、イベント、食に関わる書籍などの企画、編集、インタビュー取材などを担当。2001年富士吉田市へ転居。ライターとしての活動と並行して、小さなベイキングサロンを主宰。手作りパンを愛好する人たちと一緒に「おうちパン」を焼き、やさしいパン＆料理レシピを開発中。

装丁………山田英春
イラスト………五緒川津平太
DTP制作………勝澤節子
編集協力………田中はるか

山梨の逆襲
見つけました！ 新しい地域コミュニティのかたち

発行日❖2014年5月31日 初版第1刷
2014年7月 1 日 第2刷

著者
五緒川津平太＋三浦えつ子

発行者
杉山尚次

発行所
株式会社言視舎
東京都千代田区富士見2-2-2 〒102-0071
電話 03-3234-5997 FAX 03-3234-5957
http://www.s-pn.jp/

印刷・製本
中央精版印刷㈱

ISBN978-4-905369-89-9 C0336

言視舎刊行の関連書

978-4-905369-80-6

群馬の逆襲

日本一"無名"な群馬県の「幸せ力」

笑う地域活性化本シリーズ1　最近なにかと耳にする「栃木」より、ちょっと前の「佐賀」より、やっぱり「群馬」は印象が薄く、地味？もちろんそんなことはありません。たしかに群馬には無名であるがゆえの「幸せ」が、山ほどあるのです。

木部克彦著　　四六判並製　定価1400円＋税

978-4-905369-46-2

続・群馬の逆襲

いまこそ言おう「群馬・アズ・ナンバーワン」

笑って納得！　群馬をもっとメジャーにする方法。群馬という土地にはこんなに日本一レベル、世界レベルがあるのに、まだまだ群馬は「逆襲」が足りません！オモロイ話、土地の魅力・底力を十二分に紹介。

木部克彦著　　四六判並製　定価1400円＋税

978-4-905369-77-6

群馬の逆襲3

今夜も「おっきりこみ」

どんどんメニューがふえる最強のレシピ

カラー・ビジュアル版★群馬は郷土食「おっきりこみ」で食分野の逆襲です！「おっきりこみ」が天下無敵である理由――作り方があまりに簡単！　具と汁の味の組み合わせで３００種類もの豊富なメニューがある！月ごとのレシピを紹介。

木部克彦著　　A５判並製　定価933円＋税

978-4-905369-36-3

埼玉の逆襲

「フツーでそこそこ」埼玉的幸福論

郷土愛はないかもしれないが、地域への深いこだわりはある！　住んでいる人は意外と知らない歴史・エピソード・うんちくに加え、埼玉県人なら必ず経験したであろう「埼玉あるある」も満載。もう「ダサイタマ」なんて言わせない。

谷村昌平著　　四六判並製　定価1400円＋税

978-4-905369-12-7

茨城の逆襲

ブランド力など気にせず
「しあわせ」を追究する本

都道府県魅力度ランキングで茨城は２年連続最下位。でも、太陽、水、農業、方言、歴史そして人……茨城には「都会」にはない価値があふれています。「都会」のマネをしないが、本書の基本姿勢です。

岡村青著　　四六判並製　定価1400円＋税